EICHBORNS TASCHEN-UNI

BÄUME

W0075091

Eichborn

Die englische Originalausgabe erschien unter dem Titel
Trees bei HarperCollins Publishers Ltd.
Autor: Alastair Fitter
Übersetzung: Anne-Katrin Neugebauer
Illustrationen: David More
Herausgeber der deutschen Ausgabe: Hermann Rotermund

Die Deutsche Bibliothek – CIP-Einheitsaufnahme

Fitter, Alastair:
Bäume / Alastair Fitter. Ill. von David More.
Aus dem Engl. von Anne-Katrin Neugebauer. –
Frankfurt am Main: Eichborn, 1994
    (Eichborns Taschen-Uni)
    ISBN 3-8218-0608-7
NE: More, David [Ill.]

© HarperCollins Publishers Ltd.
© Vito von Eichborn GmbH und Co. Verlag KG,
Frankfurt am Main, Januar 1994
Umschlaggestaltung: Rüdiger Morgenweck
Satz: TechnoScript, Bremen
Druck und Bindung: Amadeus S.p.A., Rom
ISBN 3-8218-0608-7
Verlagsverzeichnis schickt gern:
Eichborn Verlag, Kaiserstraße 66, 60329 Frankfurt

Inhalt

Einleitung

Die Bäume und ihr Wachstum

Jeder weiß, wovon die Rede ist, wenn das Wort ›Baum‹ fällt, obwohl es keineswegs klar definiert ist. Die meisten Botaniker denken dabei an ein drei oder vier Meter hohes Holzgewächs, das einen Stamm hat, der viele Jahre alt wird und eine verzweigte Krone trägt. Schön gewachsene Eichen oder Fichten stellen also kein Problem dar, sie sind eindeutig Bäume. Es gibt jedoch eine Grauzone zwischen ›Bäumen‹ und ›Büschen‹. Nehmen wir zum Beispiel den Schwarzdorn, der gewöhnlich als Strauch auftritt, d.h. ein dichtes Gestrüpp aus Zweigen bildet, aber keinen Stamm hat. Wenn ihn jedoch der Schatten der um ihn wachsenden Bäume zwingt, sich zum Licht zu recken, kann er durchaus einen einzelnen Stamm bilden und ein respektabler kleiner Baum werden. Man kann also sagen, daß das Wort Baum eher eine Wachstumsform als ein einzelnes Exemplar beschreibt. Und so finden Sie in diesem Buch auch Baumarten, die gewöhnlich als Sträucher auftreten, aber gelegentlich in der Form kleiner Bäume vorkommen.

Wie wird aus einer Pflanze eigentlich ein Baum? Die erste Voraussetzung ist die Ablagerung von Holz: Das *Xylem*, ein Gewebe in den Pflanzenstengeln, welches Wasser von den Wurzeln zu den Kronen leitet, muß dickwandig werden und sich verhärten. Außerdem darf der Stengel nicht mehr absterben. Das setzt wiederum voraus, daß die Knospen sich an der Spitze des Triebes entwickeln und nicht wie bei den Stauden am Boden, damit sie gegen Kälte und Hitze geschützt sind.

Natürlich besteht der größte Vorteil eines Baumes darin, daß er so hoch wird, denn dadurch erhält er mehr Licht als die Pflanzen um ihn herum. Seine Höhe macht aber wiederum eine spezielle Konstruktionsweise erforderlich. Damit die Statik stimmt, muß die Basis des Stammes verstärkt werden. Das wird zum Teil durch das Wurzelwerk, mit dessen Hilfe die ganze Pflanze verankert ist, und zum Teil durch die allmähliche Verdickung des Stammes bewirkt. Wenn Sie Höhe und Stammumfang verschiedener Exemplare einer Art messen, werden Sie feststellen, daß diese Maße während des größten Teils eines Baumlebens in einem fast konstanten Verhältnis zueinander stehen.

Die Zuwachsschichten des Stammes dienen dem Wassertransport. Sie liegen immer außen. Die älteren Holzteile in der Mitte des Stammes dienen als Stütze, da die Gefäßzellen langsam verholzen. In den gemäßigten Zonen der Erde, wo das Wachstum im Winter wegen

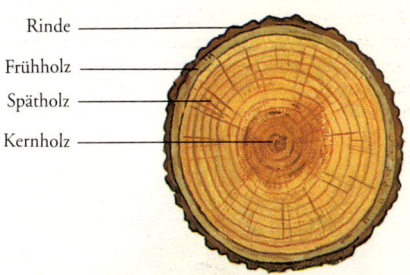

Rinde

Frühholz

Spätholz

Kernholz

der niedrigen Temperaturen zum Stillstand kommt, bringt diese Art des Wachsens nach und nach *Jahresringe* hervor, mit deren Hilfe man das Alter eines gefällten Baumes bestimmen kann.

Welche Probleme hat ein Baum?

Die meisten Bäume wachsen in Wäldern. In Parkanlagen stehen zwar auch prächtige, einsame Riesen, sie nehmen in Baumkreisen allerdings eine Sonderstellung ein. Nur wenige ihrer Artverwandten können sich nämlich wie sie in alle Richtungen entfalten, ohne irgendwann mit ihren Nachbarn in Konflikt zu geraten. Parkbäume dürfen also sowohl in die Höhe als auch in die Breite wachsen, ihre Verwandten im Wald hingegen müssen immer zum Licht streben. Denn ein Baum, der nicht in die Höhe wüchse, würde schnell im Schatten der übrigen Bäume stehen.

Aber das Leben im Wald bringt noch weitere Zwänge mit sich. Wenn ein Samenkorn auf dem Waldboden keimt, sind seine Aussichten auf ein kontinuierliches Wachstum, bis es das 20, 30, ja vielleicht sogar 50 Meter hohe Blätterdach erreicht hat, sehr gering. Die Lichtver-

hältnisse sind einfach zu schlecht. Der Keimling muß warten, bis ein alter Baum stürzt oder abstirbt. Wenn dann das Licht einfällt, kann der Wettkampf um einen Platz an der Sonne beginnen. In einem Buchenwald werden Sie nur wenige junge Bäume finden, die größer als ein paar Zentimeter sind, es sei denn, dort, wo sie stehen, ist ein alter Baum umgestürzt. Diese Lücke wird mit vielen jungen Bäumen gefüllt sein, häufig auch mit Eschen oder Ahornbäumen. In deren Schatten warten die langsamer wachsenden Buchen, die dafür mit weniger Licht auskommen können, bis vielleicht eine von ihnen der neue Nutznießer dieses Fleckchens Sonnenlicht wird.

Was macht ein Baum im Winter?

Alle Pflanzen der gemäßigten Zonen müssen den Winter überleben. Die einjährigen Pflanzen verschwinden ganz einfach und überleben in Form von Samen. Mehrjährige Stauden haben ihre Knospen dort, wo sie der Kälte nicht so ausgesetzt sind, d.h. am oder im Boden. Aber ein Baum muß seine Knospen möglichst hoch tragen, weil sich dort der Kampf um das Licht abspielt. Deshalb überwintern die frostresistenten Knospen der Laubbäume an den Spitzen der Zweige. Das Abwerfen der Blätter erscheint als eine enorme Verschwendung, aber es bedeutet gleichzeitig, daß die Blätter selbst nicht winterfest zu sein brauchen und deshalb sehr viel mehr leisten können. In arktischen Gegenden gibt es Wälder mit immergrünen Bäumen, deren Blätter notwendigerweise frostfest sein müssen, dafür jedoch nicht so leistungsstark sind.

Worin liegt der Vorteil, ein Baum zu sein?

Ein Baum profitiert vor allem von der großen Menge Licht, die er dadurch bekommt, daß er größer ist als andere Pflanzen. Ein Nachteil ist allerdings die Tatsache, daß er an einen Standort gebunden ist. Wo Waldbrände, Erdrutsche und Wirbelstürme an der Tagesordnung sind, kann es passieren, daß ein Baum stirbt, bevor er sich fortgepflanzt hat. Die Umweltbedingungen in den gemäßigten Zonen sind für Bäume jedoch im allgemeinen günstig. Dort ist ihr Hauptfeind der Mensch. Man nimmt an, daß Europa noch um 4000 v. Chr. fast vollständig mit Wald bedeckt war. Es waren die Menschen, die fast die ganze Fläche mit der Axt oder mit Feuer gerodet haben.

Die Wälder

Einige Baumarten wachsen schneller als andere. Der typische Waldbaum, also Eiche oder Buche, wächst im Vergleich zu Birken oder Erlen ziemlich langsam. Man kann letztere fast mit den ›Unkräutern‹ in unseren Gärten vergleichen, denn sie bringen ebenfalls Unmengen winziger Samen hervor, die zum Teil geflügelt sind, beträchtliche Entfernungen zurücklegen können und mit großer Wahrscheinlichkeit an Plätzen landen, an denen keine Bäume stehen. Dort wachsen sie sehr schnell und beginnen bereits nach ungefähr fünf Jahren mit der Samenbildung, so daß der Kreislauf von neuem beginnen kann.

Im Vergleich dazu produzieren die Eichen sehr viel weniger Samen. Die Eicheln enthalten jedoch eine Menge Nahrung für die Entwicklung des Keimlings, so daß dieser gute Voraussetzungen mitbringt, besonders wenn er unter dem Blätterdach anderer Bäume wachsen muß. Andererseits ist eine Eichel nicht gerade ideal gebaut, um größere Entfernungen zurückzulegen. So bleibt sie an ihrem Platz, es sei denn, eine Elster oder ein Eichhörnchen schleppt sie weg und vergräbt sie. Wenn der Eichenkeimling Wurzeln geschlagen hat, wächst er sehr langsam, und es kann 20 oder 30 Jahre dauern, bis der neue Baum Samen bildet.

Deshalb bestehen Wälder meistens aus langlebigen Bäumen wie Eichen. Wenn die Menschen der Natur nicht ins Handwerk gepfuscht hätten, wären das europäische Festland und Großbritannien ganz mit Eichen bedeckt, bei denen es sich allerdings um verschiedene Arten handeln würde. Der zweite bedeutende Baum unserer Wälder ist die Buche, die am besten auf trockenen, kalkigen Hügeln oder Sand gedeiht.

Inzwischen gibt es auch Birkenwälder. Dafür ist jedoch der Mensch verantwortlich, denn die Birke siedelt sich normalerweise auf nicht genutzten Böden ohne Baumbestand an, wie z.B. in Heiden oder Mooren.

Es gibt natürlich noch viele andere Bäume, alle mit ihren speziellen Standorten, aber die wenigsten bilden

richtige Wälder. Einige sind in Wäldern, allerdings eher vereinzelt wachsend anzutreffen, andere Arten sind in Pflanzungen, Parks oder Gärten zu finden.

Der Mensch und die Wälder

In Deutschland gibt es noch einige alte Wälder – Nachfolger der Urwälder, die einst das Land bedeckten. In ihnen findet sich eine reiche Tier- und Pflanzenwelt, vor allem aber treffen wir auf seltenere Bäume und Sträucher als in jüngeren Kulturen.

Für unsere Vorfahren war der Wald ein wichtiger Wirtschaftsfaktor, denn er stellte sowohl große Stämme für Bauholz als auch dünneres Holz für Brennholz, Zäune oder ähnliches zur Verfügung. In einigen Gegenden Englands wurde ein System entwickelt, um sicherzustellen, daß man immer genug von den benötigten Holzsorten zur Verfügung hatte: Man legte Wäldchen an, die in ganz bestimmter Weise zusammengesetzt waren. Es gab sehr hohe Bäume, die in weitem Abstand voneinander gepflanzt wurden. Dadurch konnten sie den unter ihnen

angepflanzten Büschen nicht so viel Licht wegnehmen. Letztere wurden regelmäßig zurückgeschnitten. In den wenigen noch verbliebenen Wäldchen dieser Art kann man Büsche und Sträucher in jedem Stadium sehen: von frisch geschnittenen bis zu solchen, die bereits wieder üppig treiben. In Deutschland gab es eine ähnliche Bewirtschaftung des Unterholzes mit verschiedenen Zyklen, dem Lang-Zyklus für das Hauptholz und dem Kurz-Zyklus für das Unterholz. Da bei diesem System immer wieder Licht auf den Waldboden fällt, gedeihen in solchen Wäldern auch viele Waldblumen.

Die Bestimmung von Bäumen

Die Bestimmung von Bäumen mag dem Anfänger als ein Buch mit sieben Siegeln erscheinen. Besonders wenn man Leuten begegnet, die beim Anblick eines Baumes murmeln: ›Kein Zweifel, *Salix fragilis*‹ oder ›*Pseudotsuga menziesii*, glaub' ich.‹ Aber Sie haben es hier nicht mit Zauberei zu tun, sondern mit dem Ergebnis eines schnellen Einordnungsprozesses, dessen Grundregeln leicht zu erlernen sind. Wenn ein Botaniker vor einem ihm völlig unbekannten Gewächs steht, bedient er sich eines Schlüssels zu dessen Identifizierung. Botanische Schlüssel bestehen aus einer Reihe von Doppelfragen, und ein Schlüssel für dieses Baumbuch würde zum Beispiel so anfangen:

1 Blätter: klein und schuppenartig oder nadelförmig
                    Gymnospermen (Nadelbäume) 2
1a Blätter: groß und/oder flach, oft durchsichtig
                    Angiospermen (Laubbäume) 50

Wenn Ihr Baum Nadeln trüge, hätten Sie einen Vertreter der Nadelhölzer vor sich, und Sie würden sich Frage **2** zuwenden, die nach einem weiteren Erkennungsmerkmal fragt. Wenn Sie jedoch den Eindruck hätten, daß auf Ihren Baum eher die Aussage von **1a** zutrifft, dann hätten Sie es mit einem Laubbaum zu tun. Sie würden also die nächsten 48 Fragen überspringen und zu Frage 50 vorrücken.

Jeder kann eine Tanne von einer Eiche unterscheiden, und um mehr geht es bei der ersten Frage auch gar nicht. Aber Sie haben durch Ihre Antwort die Auswahl schon beträchtlich eingeschränkt. Die Fertigkeit des Bestimmens besteht also nur darin, einige Bestimmungsmerkmale auswendig zu wissen, so daß Sie sich, wenn Sie anfangen, das Buch zu benutzen, dem richtigen Baum schon genähert haben und nur noch unter einer begrenzten Zahl von Möglichkeiten auswählen müssen.

Zuerst sollten Sie allerdings wissen, worauf Sie achten müssen. Blätter sind zwar oft ein gutes Unterscheidungsmerkmal, am zuverlässigsten sind jedoch die Blüten und Früchte. Sie werden bald feststellen, daß die meisten Nadelbäume keine Blüten, sondern Zapfen haben und daß man Laubbäume ganz grob in zwei Gruppen einteilen kann: solche, die Kätzchen haben, also Weiden, Pappeln, usw., und solche, die große Blüten mit auffälligen Blütenblättern haben wie z.B. Apfel- oder Pflaumenbäume. Auf den Seiten 26-27 geben wir Ihnen einen Überblick über die Zapfenformen, und auf den Seiten 80-81 stellen wir Ihnen die Kätzchen vor.

Im Winter können Sie, außer bei immergrünen Bäumen, weder auf Blätter noch auf Blüten zurückgreifen. In diesem Fall müssen Sie sich mit den Eigenschaften von Rinde und Zweigen befassen. Der Schlüssel auf den Seiten 20-25 hilft Ihnen dabei. Diesmal finden Sie spezielle Kombinationen aus Rindentypen und -farben, die Sie bestimmen können, indem Sie von links nach rechts arbeiten, und Knospengrößen und -farben, die Sie ermitteln, indem sie von oben nach unten vorgehen. Wenn Ihr blattloser Baum eine glatte graue Rinde und große grüne Knospen hat, dann haben Sie entweder einen Feigenbaum, einen Holunderstrauch oder eine Mehlbeere vor sich. Jetzt ist es nicht mehr schwer, die Antwort zu finden: Sie schlagen einfach die entsprechenden Seiten des Buches auf.

Es kann natürlich passieren, daß Sie einen Baum finden, der voll belaubt ist, aber weder Blüten noch Früchte trägt. In diesen Fällen wird Ihnen der Schlüssel auf den Seiten 16-19 helfen. Wenn sie Blattform und Farbe bestimmt haben, bleibt nur eine engere Auswahl von einer bis zu etwa einem Dutzend Arten übrig, unter denen Sie sich entscheiden müssen. Zusätzlich gibt es im ganzen Text verteilt noch spezielle Schlüssel für besonders schwer zu bestimmende Gruppen.

Ausgewachsene Blätter

Blattform	Grün	Dunkelgrün
Schuppen	Sadebaum 42, Riesen-lebensbaum 44, Küsten-sequoie 46	Zypressen 34-8, Rotfruchtiger Sadebaum 42
Nadeln	Große Küstentanne 54, Douglasie 58, Sitkafichte 62, Eur. Lärche 64, Hybrid-lärche 64, Himalayazeder 66, Montereykiefer 76	Eibe 30, Küstensequoie 46, Weißtanne 54, Hemlock-tanne 60, Norwegische Fichte 62, Libanonzeder und Atlaszeder 68, Bergkiefer 72, Schwarzkiefer 74 Dreh-kiefer 74, Zirbelkiefer und Weymouthkiefer 78
Schmal	Bruch- und Silberweide 82, Korbweide 90, Zürgelbaum 138, Wildbirne 148, Pfirsich 170, Spindelbaum 202	Lorbeer- und Mandelweide 88, Kastanie 114, Mandel 168, Erdbeerbaum 220, Buchsbaum 204
Oval	Schwarzpappeln 96, Weißbirke 104, Äpfel 152, Limone 212, Trompetenbaum 228	Andentanne 32, Espe 94, Balsampappel 98, Eur. Hainbuche 108, Kult. Apfel 132
Elliptisch	Engl. Ulme, Kleinbl. Ulme, Flatterulme 134, Weiße Maulbeere 140, Kult. Apfel 152, Schwarzdorn 172, Kirschen 166-80, Port. Lorbeerkirsche 180, Orangen 188, Limonen 188, Breitblättriger Spindelbaum 202, Kornelkirsche 216	Hainbuche 108, Buche 112, Kork und Holzeiche 130, Bergulme 132, Holl. Ulme 132, Engl. Ulme 134, Schwarze Maulbeere 140, Birne 148, Schwed. und Breitblättrige Weißbuche 158, Schwarzdorn 172, Pflaumen 174, Vogelkirsche 178, Buchsbaum 204, Rhododendron 218, Erdbeerbaum 220

Gelbgrün	Blau und Blaugrün	Grau
Kalifor. Zypresse 36 und Großfr. Zypresse 38, Abendländische Zeder 44	Kalifornische Zypresse 36, Mammutbaum 48	Kalifornische Zypresse 36
Japanische Zeder 50, Sumpfzypresse 52, Urwelt-Mammutbaum 52, Große Küstentanne 54, Himalaya Zeder 66, Schwarzkiefer 74	Sumpfzypresse 52, Urweltmammutbaum 52, Edeltanne 56, Douglasie 58, Jap. und Hybridlärche 64, Zedern 68, Pinie 70, Strandkiefer 70, Schottische und Montereykiefer 76	Tannen *(Abies)* 54-58, Hemlocktanne 60
Trauerweide 84, Mandelweide 168, Pfirsich 170	Silberweide 82, Aschweide 86, Wildbirne 148, Mispel 162, Gummibäume 214, Oliven 224	Bruchweide 82, Lorbeerweide 88, Grauweide 86 , Salweide 86, Weidenblättrige Birne 148, Gummibäume 214
Balsampappeln 98, Kultiv. Apfel 152, Kleinblättrige Limone 210, Trompetenbaum 228	Espe 94	
Trauerweide 84, Birne 148, Mehlbeerbaum 158, Mispel 160, Wildkirsche 176, Lorbeerkirsche 180, Magnolien 144	Grauerle 106, Rundblättr. Eiche 128, Mehlbeerbaum 158 Kornelkirsche 216, Mispel 162	Steineiche 128, Korkeiche 130, Mehlbeerbäume 158

Blattform	Grün	Dunkelgrün
Rund	Moorbirke 104, Grünerle 106, Wildbirne 148, Aprikose 170, Kreuzdorn 206, Limone 212	Erle 106, Haselnuß 110, Großblättrige Limone 212, Judasbaum 182, Holzeiche 200
Gelappt	Englische Eiche 118, Sumpfeiche 122, Pyrenäeneiche 124, Tulpenbaum 144, Spanische Platane 146, Weißdorn 164	Englische Eiche 118, Traubeneiche 120, Roteiche 122, Türkische Eiche 124, Stechpalme 200
Gefiedert	Vogelbeere 154, Pagodabaum 184, Götterbaum 190, Erle 230, Kanarische Palme 232	Schwarze Walnuß 102, Robinie 184, Esche 222, Pagodabaum 184
Kleeblättrig	Weißdorn 164, Französischer Ahorn 194, Spanische Platane 146	Feige 142, Italienischer Ahorn 196
Gegabelt	Tulpenbaum 144	Ginkgobaum 28
Palmenartig	Spanische Platane 146, Elsbeere 156, Weißdorn 164, Norwegischer Ahorn 192 Feldahorn 194, Kastanie 198, Bergahorn 196	Feige 142, Feldahorn 194, Italienischer Ahorn 196, Bergahorn 196, Kastanie 198

Gelbgrün	Blau und Blaugrün	Grau
Kreuzdorn 206, Judasbaum 182	Graupappel 92	Gummibäume 214
Sumpfeiche 122	Gemeine Eiche 126	Pyrenäeneiche 124
Gemeine Walnuß 102, Speierling 154, Robinie 184, Gemeine Esche 222, Akazie 186	Robinie 184, Dattelpalme 232	
Goldregen 182	Goldregen 182	
Ginkgobaum 28		
Spanische Platane 146, Norwegischer Ahorn 192	Weißpappel und Graupappel 92	

Schlüssel für breitblättrige Bäume im Winter

Braun, Rot oder Orangebraun

KNOSPEN

RINDE	Klein (weniger als 5 mm)		
	Braun und Grau	Rot und Orangebraun	Grün und Grünbraun
Glatt	Trauerweide 84, Kornelkirsche 216		Akazie 186, Kornelkirsche 216
Ablösend	Mandelweide 88, Weißdorn 164, Ital. Ahorn 196, Kornelkirsche 216	Urweltmammutbaum 52, Holzapfel 152, Erdbeerbaum 220	Birken 104, Urweltmammutbaum 52, Kornelkirsche 216
Gebrochen	Weißdorn 164, Ital. Ahorn 196	Wilde Birne 148, Holzapfel 152, Buchsbaum 204	Birken 40
Gefurcht	Pagodabaum 184	Judasbaum 182, Trompetenbaum 228	

Klein (weniger als 5 mm)

RINDE / KNOSPEN	Braun und Weiß	Rot und Orangebraun	Grün und Grünbraun
Glatt	Roteiche 122, Zürgelbaum 138, Gem. Felsenbirne 160, Schwarzdorn 172	Salweide 86, Schwarzdorn 172, Götterbaum 190	Laurelkirsche 180, Stechpalme 200, Spindelbaum 202
Ablösend	Vogelkirsche 178, Steinweichsel 178, Weißdorn 164	Flatterulme 134, Feldahorn 194	Birken 104, Elsbeere 156
Gebrochen	Lorbeerweide 88, Bruchweide 82, Ital. Ahorn 196, Birken 104	Weidenbl. Birne 150, Feldahorn und Franz. Ahorn 194	Birken 104, Elsbeere 156
Gefurcht	Silberweide und Bruchweide 82, Rorinie 184	Bruchweide 82, Kleinbl. Ulme 184, Feldahorn 194	Hainbuche 108

Schlüssel für breitblättrige Bäume im Winter

RINDE / KNOSPEN	Mittelgroß (5-15mm)			
	Grau, Graubraun und Schwarz	Braun	Rot und Orangebraun	Grün und Grünbraun
Glatt	Korkeiche 130, Alpengoldregen 182	Wilde Pflaume 174, Birne 190, Gem. Faulbaum 208	Wilde Pflaume 174	Gem. Faulbaum 208
Ablösend	Goldregen 182, Ital. Ahorn 196	Lärche 64, Kreuzdorn 206	Holl. Ulme 132, Span. Platane 146, Apfel 152, Weißdorn 164, Wildkirsche 176	Goldregen 182
Gebrochen		Engl. Ulme 134, Mirabelle 174	Maulbeere 140, Holzapfel 152	Erle 106, Speierling 154
Gefurcht		Gleditsie 184	Schwarzpappel 96, Weiße Maulbeere 140	Speierling 154

Braun, Rot oder Orangebraun

Mittelgroß (5-15 mm)

Weiß, Grau oder Graubraun

KNOSPEN \ RINDE	Grau, Graubraun und Schwarz	Braun	Rot und Orangebraun	Grün und Grünbraun
Glatt	Magnolie 144, Eschen 222	Bergahorn 94, Haselnuß 110, Engl. Eiche 118, Wilde Pflaume 174, Kirschen 196	Salweide 96, Grau- und Grünerle 106, Schw. Maulbeere 158, Jap. Kirsche 170, Norw. Ahorn 192	Hainbuche 108, Haselnuß 110, Norw. Ahorn 192, Bergahorn 196
Ablösend	Magnolie 144, Span. Platane 146	Haselnuß 110, Mispel 162	Span. Platane 146, Apfel 152, Mispel 162, Weißdorn 164, Jap. Kirsche 170	Haselnuß 110, Bergahorn 196
Gebrochen		Pyrenäeneiche 124, Mandel 168	Tulpenbaum 144, Holzapfel 152, Jap. Kirsche 170, Kleinbl. Limone 212	Erle 106, Speierling 154

Schlüssel für breitblättrige Bäume im Winter

Groß (mehr als 15 mm)

RINDE / KNOSPEN	Braun, Grau und Schwarz	Rot und Orangebraun	Grün
Glatt			Rhododendron 218
Ablösend		Kastanie 198	Lärche 64
Gebrochen		Kastanie 198	
Gefurcht	Holunder 230	Schwarze Walnuß 102, Holunder 230	

Braun, Rot oder Orangebraun

24

Groß (mehr als 15 mm)

KNOSPEN \ RINDE	Braun, Grau und Schwarz	Rot und Orangebraun	Grün
Glatt	Buche 112, Vogelbeere 154, Esche 222	Pappel 92, Balsampappel 98	Feige 142, Mehlbeerbaum 158, Holunder 230
Ablösend		Kastanie 198	
Gebrochen	Buche 112	Balsampappel 98, Gem. Eiche 126, Kastanie	
Gefurcht	Engl. Eiche 118, Esche 222	Walnuß 102, Englische und Traubeneiche 120 Gem. Eiche 126, Holunder 210	Holunder 230

Weiß, Grau oder Graubraun

25

Strand-
kiefer,
70

Weißtanne, 54

Gemeine Waldkiefer, 72

Libanon
zeder,
68

Douglasie, 58

Westliche Hemlocktanne, 60

Sumpf- zypresse, 52

Europäische Lärche, 64

Schwarzerle, 64

Mammutbaum, 48

Riesen- lebens- baum, 44

Küsten seqouie, 46

Montereyzypresse, 38

Lawsons Scheinzypresse, 34

GINKGO   *Ginkgo biloba*

Dieser vorzeitliche Baum ist der letzte einer ansonsten ausgestorbenen Gattung. Er stammt aus China und war einst in der gesamten nördlichen Hemisphäre verbreitet; Fossilien zeugen von der Existenz des Ginkgo seit bereits 200 Millionen Jahren. In gemäßigten Zonen wird er heute in Parks und großen Gärten angepflanzt, wo man ihn leicht an seinen fächerförmigen, in der Mitte gespaltenen Bättern (3) mit den gleichmäßig gegabelten Adern erkennen kann. Im Gegensatz zu den meisten Nacktsamern verliert der Ginkgo sein Laub jährlich: Wenn die Blätter spät im Jahr fallen (5), werden grüne Zweige (die sich später bräunlich verfärben) mit kleinen, rötlichen Knospen (2) sichtbar; die Blätter entwickeln sich aus kurzen, kräftigen Trieben. Die wenigen Blüten wachsen auf getrennten Bäumen; männliche als gelbe Kätzchen, weibliche kugelförmig auf kleinen Stielen. Aus ihnen entwickeln sich die erst grünen, später gelblichbraunen und sehr unangenehm riechenden Früchte. Gewöhnlich wird der langsam wachsende Ginkgo mit der tief gefurchten, graubraunen Rinde (1) und der kegelförmigen, ziemlich schmalen Krone 10-15 m hoch; es kommen aber auch Bäume von 30 m (4) Höhe vor.

1

2

3

4

5

GEMEINE EIBE   *Taxus baccata*

Die immergrüne Eibe ist ein massiver, gedrungen wirkender Baum (5), der bis zu 2000 Jahre alt werden kann. Häufig ist ihr knorriger, gefurchter Stamm bis hinunter zum Boden dicht mit Austrieben bewachsen, und ihre rötliche Borke kann im Alter abblättern (1); die dunkelgrünen, abgeflachten Nadeln sind giftig für Weidetiere. Im Frühjahr regnen Wolken von Blütenstaub aus den männlichen Blüten; ansonsten sind die männlichen (2) und weiblichen (3) Blüten, die auf getrennten Bäumen wachsen, eher unauffällig. Die rosarote, giftige (4) Frucht ähnelt einer Beere, ist aber ein Samenmantel (Arillus), der den eigentlichen Samen becherförmig umschließt. Die Eibe ist in Mitteleuropa, bis hinauf nach Norwegen und zu den Britischen Inseln weit verbreitet.

Die **irische** oder **goldene Eibe (6)** wird häufig in Gärten angepflanzt und ist auf Friedhöfen ein vertrauter Anblick. Einige der dort wachsenden Exemplare können sogar älter als die Kirche selbst sein, da die Eibe schon in der vorchristlichen Religion eine wichtige Rolle spielte.

1

3

4

6

5

CHILENISCHE ARAUKARIE
Araukaria araukaria

Dieser bizarre, immergrüne Baum wurde im späten achtzehnten Jahrhundert aus Südamerika eingeführt und wird häufig in den gemäßigten Zonen Westeuropas angepflanzt. Bei typischen Vertretern der Araukarie ist der lange, gerade Stamm von gewundenen, sehr weit ausladenden Zweigen (5) gekrönt; andere Exemplare bilden eine eher kuppelförmige Krone aus. Auf der rauhen braunen oder grauen Rinde sind die Jahresringe (1) zu erkennen. Die Araukarie besitzt starke, dunkelgrüne und stachelige Blätter (4), die schuppenförmig angeordnet sind und die Zweige völlig bedecken. Männliche Blüten (3) sind groß und wachsen in Büscheln an den Spitzen der Äste. Weibliche Blüten (2) können zwar am selben Baum wachsen (obwohl die Araukarie meist zweihäusig ist); es dauert jedoch zwei Jahre, bis sie zu großen, stacheligen Früchten (6) herangereift sind.

1

junger Baum

2

3

4

5

6

LAWSONS SCHEINZYPRESSE
Chamaecyparis lawsoniana

Dieser immergrüne Baum (**6**) stammt aus den Bergen des westlichen Nordamerika; in Europa kann er bis zu 40 m hoch werden. Aufgrund seiner Schönheit, aber auch aus kommerziellen Gründen ist er heute weit verbreitet. Die Zweige mit ihren hängenden Spitzen bilden eine schmale, kegelförmige Krone und reichen hinunter bis zum Fuß des Stammes. Die Rinde ist meist gebrochen oder gespalten (**1**), und die rötlichen Zweige (**2**) sind ganz mit schuppenförmigen Blättern bedeckt. Im April erscheinen an den Spitzen der Zweige die roten männlichen Blüten (**3**) und die blaugrauen weiblichen Blüten (**4**). Im Gegensatz zur echten Zypresse reifen die winzigen Zapfen (**5**) noch im gleichen Jahr heran und werfen dann ihre geflügelten Samen ab. Die L. Scheinzypresse hat viele Varietäten.

Die **Nootka Scheinzypresse** *C. nootkatensis* ist ebenfalls eine nordamerikanische Art, kommt bei uns jedoch wesentlich seltener vor. Sie unterscheidet sich von der L. Scheinzypresse durch die ebenmäßige, kegelförmige Krone (**9**), gelbe männliche Blüten (**7**) und die Tatsache, daß ihre blaueren, größeren und stachligeren Früchte (**8**) sehr viel langsamer reifen. Blüte und Frucht unterscheiden sie auch von der ihr sonst sehr ähnlichen Leylandzypresse (S. 36).

1

LEYLANDZYPRESSE
x *Cupressocyparis leylandii*

Dieser Baum ist wahrscheinlich das am häufigsten gepflanzte Gartenimmergrün. Trotzdem handelt es sich bei der Leylandzypresse um eine botanische Rarität, denn sie ist ein Hybrid, entstanden aus einer Kreuzung zwischen den beiden Gattungen *Cupressus* und *Chamaecyparis*, beziehungsweise der echten und der Scheinzypresse. Auch die Vielzahl ihrer Arten ist das Ergebnis von Kreuzungen zwischen Paaren verschiedener Gattungen. Die hohe, schmale Leylandzypresse ist ein schnellwachsender, widerstandsfähiger Baum (6) und wird in sehr großer Zahl angepflanzt, häufig auch als Hecke (8). Ihre Rinde (1) ist manchmal rötlich und leicht gefurcht, die schuppenförmigen Blätter sind entweder von gelbgrüner, grüner, blaugrüner oder auch grauer Farbe und umschließen die harten Triebe völlig. Bei den vielfältigen, handelsüblichen Setzlingen lassen sich verschiedene Blattfarben, darunter auch graue (5), grüne (4) und blaue (7) Formen, unterscheiden. Die Zweige wachsen entweder horizontal oder steil nach oben. Obwohl es für eine Kreuzung dieser Art sehr ungewöhnlich ist, bringt die Leylandzypresse sowohl männliche (2) als auch weibliche Blüten hervor. Die weiblichen Zapfen (3) liegen mit ihrer Größe von 2 cm genau zwischen denen der echten und denen der Scheinzypresse.

1

2

3

4

5

6

7

8

MONTEREYZYPRESSE
Cupressus macrocarpa

Die Montereyzypresse ist ein weit ausladender Baum, der bis zu 35 m hoch werden kann (**10**). Er hat eine braune, gefurchte Rinde (**1**), und seine Zweige (**4**) sind völlig von schuppenförmigen, gelblichen, nach Zitronen duftenden Blättern umschlossen. Die schmalen, männlichen Blüten (**5**) sind gelb und sitzen höher an den Zweigen als die weiblichen Blüten. Bis zu 4 cm beträgt der Durchmesser der rotbraunen Zapfen (**6**), deren 7-14 Schuppen in der Mitte einen kleinen Höcker haben. Dieser Baum stammt ursprünglich aus Kalifornien; er ist salzwasserbeständig und besonders schnellwachsend (**7**).

Die **Italienische Zypresse** *C. sempervirens* ist im Mittelmeerraum verbreitet und wird gelegentlich noch hoch im Norden angetroffen. Gezüchtete Bäume zeigen die typische, schmale ›Bleistiftform‹, wildwachsende Pflanzen können breitkroniger ausfallen. Die dunkelgrünen, schuppenförmigen Blätter (**8**) geben keinen Geruch ab, die gelbgrauen Zapfen (**9**) sind runder, und die Rinde (**2**) ist dunkler als die der Montereyzypresse.

Die **Arizona Zypresse** *C. glabra* ist ein widerstandsfähiger, weitverbreiteter Baum mit blaugrauen Blättern (**11**) und rotbraunen Zapfen (**12**), die auch ausgereift am Baum hängenbleiben. Wenn ihre rotbraune Rinde (**3**) abblättert, zeigen sich darunter gelbe oder rote Flecken.

GEMEINER WACHOLDER *Juniperus communis*

Sowohl als Baum wie auch als Strauch ist dies die in Europa am weitesten verbreitete Gattung und gleichzeitig auch eine von denen mit den unterschiedlichsten Arten. Sie reichen vom Zwergwacholder *J. nana* (4) über die säulenförmigen, schmalkronigen Formen (var. *hibernica* (3)) bis hin zu den breiten, ausladenden Formen (5). Gewöhnlich wird er 2-3 m hoch; nur sehr selten erreicht er eine Höhe von 15 m. Die abgeflachten, stechenden Nadeln (1) stehen zu dritt in Quirlen; sie sind von grau- bis gelbgrüner Farbe mit einem breiten, grauen Streifen an der Oberseite. Männliche und weibliche Blüten wachsen auf getrennten Bäumen; die wenigen männlichen als schmale, gelbe Zapfen (1). Die grünen weiblichen Zapfen reifen in einem Zeitraum von 2-3 Jahren allmählich zu fleischigen, blauschwarzen Beeren (2) von 5-9 mm Durchmesser heran. Diese Beeren verleihen z.B. dem Gin seinen besonderen Geschmack. Der Wacholder ist in vielen Gegenden heimisch: Dazu gehören u.a. trockene Berghänge, kalkige Höhenrücken und Nadelwälder; im Schatten gedeiht er jedoch selten.

Der **Mittelmeerwacholder** *J. oxycedrus* wird meistens größer als der gemeine Wacholder und wächst nur im südlichen Europa. Er ist gut an den zwei grauen Streifen an der Blattoberseite (6) zu erkennen sowie an den Beeren, die ausgereift eine Größe von 15 mm erreichen können und dann von rötlicher bis lilabrauner Farbe sind (6).

PHÖNIZISCHER WACHOLDER
Juniperus phönicea

Im Gegensatz zum Gemeinen Wacholder hat dieser
schmale Baum oder Busch (2) keine Nadeln (außer wenn
er jung ist), sondern schuppenförmige Blätter, wodurch er
einer Zypresse ähnelt. Die Schuppen mit ihren schmalen,
papierenen Rändern umschließen die Zweige eng (1); die
Nadeln der jungen Pflanzen zeigen auf jeder Seite zwei
graue Längsstreifen. Männliche und weibliche Zapfen
wachsen auf einem Baum, wobei die dunkelgrünen weiblichen zu Beeren von satter rotbrauner Farbe und einer
Größe von 8-14 mm heranwachsen. Der Phönizische Wacholder wächst gewöhnlich an trockenen, oft steinigen
Hängen und auf Sanddünen des Mittelmeerraums.
Den **Sadebaum** *J. sabina* sieht man gewöhnlich nur als
Strauch. Die unreifen Nadeln wachsen paarig; die reifen
Schuppen sind nicht eingefaßt und riechen unangenehm,
wenn sie zerdrückt werden. Seine Zapfen, die nur eine
Größe von 4-6 mm erreichen, reifen innerhalb eines Jahres zu rötlichschwarzen Beeren (3) heran. Der Sadebaum
wächst hauptsächlich in den Gebirgen Mitteleuropas.
Der **Virginische Wacholder** *J. virginiana* kann eine Höhe
von 30 m erreichen (5). Seine Zweige werden locker von
schuppenförmigen Blättern umhüllt und riechen ölig,
wenn sie zerdrückt werden. Auch an ausgewachsenen
Bäumen können noch Nadeln wachsen. Die jungen
Früchte sind erst von blaugrauer (4), ausgereift von bräun-
lichvioletter Farbe. Dieser ursprünglich aus Nordamerika
stammende Baum ist heute weit verbreitet und wird teilweise als Nutzholz angepflanzt.

RIESENLEBENSBAUM   *Thuja plicata*

Dieser Baum gilt als die ›Zeder‹ des Holzhandels, obwohl er keineswegs eine ist. Er kann bis zu 65 m hoch werden (5) und formt eine schmale, kegelförmige, dicht gewachsene Krone. Obwohl der Stamm sich gewöhnlich nicht verzweigt, bilden Ableger am Fuß des Baumes gelegentlich neue Stämme mit gefurchter, dunkelrötlicher Rinde (1). Im Gegensatz zur Lawson Scheinzypresse (s. S. 36) bleibt sein Haupttrieb aufrecht. Die schuppenförmigen Blätter (3) duften sehr aromatisch; sie sind von hellgrüner Farbe und haben an der Unterseite weiße Streifen (4). Männliche und weibliche Blüten wachsen auf einem Baum; die kegelförmigen, etwas schlaff wirkenden Zapfen werden 10-15 mm groß und können ziemlich dornig sein (2). In Parks und Gärten wird oft eine Form mit golden gestreiftem Laub angepflanzt, aber dieser aus Nordamerika stammende, schnellwachsende Baum liefert vor allem wertvolles Nutzholz.

Von den anderen *Thuja*-Arten ist der **Abendländische Lebensbaum** *T. occidentales* am weitesten verbreitet. Seine Krone wächst unregelmäßiger, die hellere Rinde blättert stärker ab und das eher gelbliche Laub ist stumpfer. Seinen schuppenförmigen Blättern (6) fehlen die weißen Streifen, und ihr Duft ist schwächer; die gelben Zapfen sind länglich. Häufig wird von diesem Baum auch eine gelbblättrige Variante angepflanzt.

1

2

3

4

5

6

KÜSTENSEQUOIE, REDWOOD
Sequoia sempervirens

In ihrer Heimat, den Wäldern der westlichen Küsten Nordamerikas, wird die Küstensequoie, auch Küstenmammutbaum genannt, über 100 m hoch; die göße heute existierende *Sequoie* hat eine Höhe von 112 m. Typisch ist die längliche, ziemlich offene und unordentliche Krone (2); sie sitzt auf einem hohen, unverzweigten Stamm, der am Fuß häufig Wurzeltriebe aufweist. Dieser Stamm ist dick umkleidet mit einer schwammig-weichen, faserigen, rotbraunen Rinde (1). Die Äste sind mit schmalen, leicht verdrehten, schuppenförmigen Blättern (4) bedeckt; sie treiben Zweige mit gegenständigen, geraden, spitzen, dunkelgrünen Blättern (3) aus, deren Unterseiten mit zwei weißen Längsstreifen gezeichnet sind. An den Enden der Zweige sitzen die gelben männlichen Zapfen (6), die den Winter überdauern und im Februar ausgereift sind; die weiblichen, 20-25 cm langen Zapfen sind erst grün und stachelig, später werden sie braun (5) mit weit auseinanderstehenden Schuppen.

1

Redwood   Mammutbaum

MAMMUTBAUM
Sequoiadendron giganteum

Der Mammutbaum ist etwas kleiner, dafür aber massiger als die Küstensequoie; seine ordentlichere, gleichmäßigere Krone zeigt, besonders im unteren Teil, die charakteristisch hängenden Äste mit ihren aufsteigenden Spitzen (2). Sein Laub unterscheidet sich auffällig von dem der Küstensequoie: Es besteht aus stumpfgrünen bis graugrünen schuppenförmigen Blättern (3), von denen die jungen Äste eng umschlossen werden; an älteren Zweigen stehen sie ab. Die männlichen Zapfen sitzen dichtgedrängt an den Spitzen der jungen Triebe und reifen zum Frühlingsanfang; die eiförmigen weiblichen Zapfen erreichen eine Länge von 5-8 cm (4). Der Stamm ist massiv, und die Rinde (1) ähnelt derjenigen der Küstensequoie, ist bei jungen Bäumen aber heller, und sie wird oft von Kriechtieren ausgehöhlt. In Kalifornien existieren über 3000 Jahre alte Bäume, die einen Umfang von 25 m aufweisen; der Durchmesser der 120jährigen europäischen Exemplare beträgt erst 7-8 m. Hierzulande wird der Mammutbaum vorwiegend in Parks und, von ambitionierten Gärtnern, auch privat angepflanzt.

1

2

3

4

JAPANISCHE ZEDER
Cryptomeria japonika

Die Krone dieses reizvollen japanischen Baumes wird aus kurzen, aufsteigenden Ästen gebildet; durch ihre hohe, schmale, abgerundete und ziemlich unregelmäßige Form wirkt sie wie eine grüne Kumuluswolke (2). In ihrer Heimat wird die Japanische Zeder etwa 50 m hoch; europäische Exemplare erreichen Höhen von 30-40 m. Die rotbraune Rinde (1) dunkelt im Alter langsam nach; sie läßt sich dann in langen Streifen abziehen. Das Laub ähnelt dem des Mammutbaumes, allerdings ist es von einem helleren Grün und wirkt spitzer. Bei den Blättern handelt es sich um harte, ziemlich fleischige Nadeln, die in Fünferreihen um die Zweige herumwachsen und sich zu deren Spitzen hin verjüngen (3). Die weiblichen Zapfen (4) sind rundlich; ihr Durchmesser beträgt 2-3 cm, und jede ihrer Schuppen ist mit einigen Dornen besetzt. Die Japanische Zeder ist keine wirkliche Zeder, sondern eine Verwandte des Mammutbaumes und der Küstensequoie. Sie wächst sowohl in Japan als auch in China, bei den Bäumen chinesischer Abstammung ist die Krone jedoch weniger buschig, und die Blätter sind länger (5). Die in hiesigen Gärten am häufigsten kultivierte Form ›Elegans‹ wächst wesentlich langsamer und hat rot getöntes Laub.

1

2

3

4

5

SUMPFZYPRESSE   *Taxodium distichum*

Dieser Baum (7) ist durch seinen zugespitzten Stamm und die seltsamen Pflöcke oder Knie, Pneumatophoren genannt (8), die um ihn herum aus dem Boden ragen, unverwechselbar. Er stammt aus den Sümpfen Nordamerikas, wo die Knie den Wurzeln anscheinend bei der Atmung helfen. Die Rinde ist rötlich (1) und faserig und läßt sich in Streifen abschälen. Die Unterseite der flachen, geraden Blätter ist grau gestreift, während die Oberseite bei jungen Blättern ein klares Apfelgrün zeigt. Sie sitzen wechselständig (abwechselnd) in zwei Reihen an den Seitentrieben, die ebenfalls wechselständig wachsen. Sowohl diese Triebe als auch die Blätter werden im Herbst abgeworfen (4). Männliche Blüten (3) entstehen in klobigen Kätzchen; sie wachsen während des Winters, bis sie im Frühjahr ausgereift sind. Wenn die kleinen, runden weiblichen Zapfen (6) reif sind, färben sie sich purpurbraun. Die Sumpfzypresse wird häufig am Wasser angepflanzt.

1

Der **Urweltmammutbaum** *Metasequoia glyptostroboides* ist ein weitverbreiteter Laubbaum, der einer kleinen Sumpfzypresse ähnelt. Seine Blätter sind aber länger und blasser (9) und sitzen gegenständig (gegenüberliegend) an ebenfalls gegenständigen Seitentrieben; die Rinde ist von hellerer Farbe (2). Bis man 1948 ein wildwachsendes Exemplar dieses Baumes in China entdeckte, kannte man den Urweltmammutbaum nur als Fossil.

2

3

4

5

6

7

8

9

WEISSTANNE *Abies alba*

Die Weißtanne findet man in allen mitteleuropäischen Gebirgen. Obwohl sie heute nur selten angepflanzt wird, ist sie in Europa die am häufigsten vertretene Tannenart. Dieser imposante Baum (2) kann eine Größe von 50 m erreichen. Seine Äste sind in gleichmäßigen Quirlen angeordnet und bilden so die längliche Krone, deren Spitze häufig abstirbt. Anfangs ist die Rinde (1) glatt und grau; mit zunehmendem Alter wird sie aber bräunlich und rissig. Die flachen, dunkelgrünen, an den Spitzen abgerundeten Blätter (3) zeigen an der Oberseite eine Mittelrippe und an der Unterseite zwei weiße Längsstreifen (4). Auch an den Trieben stehen die sowohl waagerecht als auch schräg wachsenden Nadeln in einer Spirale; sie wirken jedoch, als seien sie gleichmäßig an den Seiten angeordnet (3). Die kleinen männlichen Blüten verteilen sich über den ganzen Baum, die 10-20 cm großen weiblichen Zapfen (5) finden sich nur auf den höherliegenden Zweigen. Ausgereift sind sie rotbraun und geschlossen, bis der Zapfen zerfällt, um den Samen freizusetzen. Die **Riesentanne** oder **Küstentanne** *A. grandis* ist sehr schnellwüchsig und wird deshalb heute wesentlich häufiger angepflanzt als die Weißtanne. Ihre glänzenden Blätter sind von unterschiedlicher Größe und wachsen mehr oder weniger waagerecht (6); die 10-15 cm großen, rotbraunen Zapfen (7) sind kleiner und rundlicher.

1

2

3

4

5

6

7

EDELTANNE   *Abies procera*

Ebenso wie die Riesentanne stammt auch die Edeltanne ursprünglich aus Nordamerika und ist heute in Europa weit verbreitet. Anfangs wächst der Baum noch zierlich und kegelförmig und entwickelt später eine massive, fast senkrechte Krone (2). Charakteristisch ist die glatte Rinde (1), die auch bei alten Bäumen nur leicht rissig ist. Die auffällig blaugrauen Blätter sind an den Spitzen rund; sie scheiteln sich unter dem Zweig und wachsen um ihn herum nach oben, wodurch ihr Anblick an eine Zahnbürste (3) erinnert. Ausgereift nehmen die männlichen Blüten eine hellrote Farbe an; die massiven, zylindrischen Zapfen (20-25 cm) haben vorgestreckte Fortsätze an den Deckblättern, die in einer Spirale (4) angeordnet sind. Die Kombination dieser aufrecht stehenden Zapfen mit den ziemlich struppigen Nadeln gibt der Edeltanne ein unverwechselbares Aussehen.

Die **Spanische Tanne** *A. pinsapo* ist ein seltsamer, kurznadeliger Baum, der ursprünglich in einigen wenigen Wäldern auf den Hügeln um Ronda in Südspanien wächst. Sie wird gelegentlich in Parks angepflanzt und unterscheidet sich von der Edeltanne durch ihre dunkle Rinde, die sehr kurzen Nadeln und die wesentlich kleineren Zapfen.

1

2

3

4

DOUGLASIE *Pseudotsuga menziesii*

Dieser elegante Nadelbaum zählt zu den höchsten Baumarten Europas. Eine 1895 in Britisch Columbia gefällte Douglasie hält mit ihren 127 m den Weltrekord als höchster Baum. Kräftige Exemplare bilden eine hohe, schmale Krone mit waagerechten Ästen (2), häufig sieht man aber auch krumme, gedrungene Bäume. Die rotbraune Rinde (1) ist tief gefurcht, die Farbe der Blätter kann sehr unterschiedlich sein, meistens sind sie jedoch stumpf und an der Unterseite mit zwei weißen Längsstreifen gezeichnet. Sie wachsen am Trieb nach allen Seiten (3). An den Enden der Zweige hängen die 8 cm langen, typischen Zapfen, deren Schuppen von dreizackigen Blättern verdeckt werden. Die Douglasie ist weit verbreitet und ein wertvoller Nutzbaum. Ihre leuchtendrotbraunen, spitzen Knospen, die hängenden Zapfen und die dicke, gefurchte Rinde machen sie unverwechselbar.

1

Samen

2

3

4

WESTLICHE HEMLOCKTANNE
Tsuga heterophylla

Besonders auffällig an diesem kegelförmigen Baum (7) sind der sich neigende Leittrieb und die leicht nach oben weisenden Äste. Alte Bäume verlieren ihre gleichmäßige Silhouette, und die anfangs glatte und faserige Rinde entwickelt später schmale Furchen (1). Die Blätter kommen in drei unterschiedlichen Größen vor und treten völlig unregelmäßig aus den Trieben (4, 5), die Spitzen sind abgerundet, und an der Blattunterseite verlaufen zwei helle Streifen (4). Im Frühling werden die auffällig hellroten männlichen Zapfen (3) weiß; die kleinen (2-3 cm) weiblichen (6) Zapfen sind grünlichbraun und eiförmig. Diese Hemlocktanne ist eine der Baumarten des westlichen Nordamerika, die heute in Europa als Nutzhölzer weit verbreitet sind. Da sie mehr Schatten als die meisten anderen Nadelhölzer verträgt, kann sie unter bereits existierende Bäume gepflanzt werden, was sie besonders wertvoll macht.

Die **Kanadische Hemlocktanne** *T. canadensis* ist das von der Ostküste Amerikas stammende Gegenstück zur Westlichen Hemlocktanne und für das europäische Klima weniger geeignet. Ihre Krone ist unregelmäßiger, die Rinde grober gefurcht (2), die Zapfen kleiner (8), und die Blätter mit ihren schmaleren weißen Streifen (9) sitzen in zwei gleichmäßigen Reihen an den Trieben.

1

2

3

4

5

6

7

8

9

GEMEINE FICHTE   *Picea abies*

Die Gemeine Fichte, auch Rottanne genannt, stammt aus Europa. Ihre gleichmäßige, kegelförmige Krone besteht aus mehr oder weniger waagerechten Zweigen, deren Spitzen häufig aufgerichtet sind (5). Anfangs sehen die harten, spitzen Nadeln blaßgrün aus, nehmen dann aber eine dunkelgrüne Färbung an. Bis auf einen schmalen Spalt an der Unterseite werden die Zweige dicht von den halb aufrecht wachsenden Nadeln umhüllt (2). Fallen diese ab, bleibt das charakteristische ›Stielchen‹ zurück (4). Gewöhnlich ist die hellrot getönte, dünne Rinde (1) rauh und rissig; die bis zu 18 cm langen, zylindrischen Zapfen (3) hängen am Zweig. Die Gemeine Fichte bildet in den Gebirgen Europas riesige, natürliche Wälder; wird aber auch häufig als Nutzholz und für den Weihnachtsmarkt (6) angepflanzt.

Die **Sitkafichte** *P. sitchensis* stammt aus dem Westen Nordamerikas und gedeiht in Westeuropa hauptsächlich in regenreichen Gegenden. Sie ist der am schnellsten wachsende Baum auf feuchtem, torfigem Hochlandboden, weshalb sie auch in großer Zahl für die Forstwirtschaft angepflanzt wurde. Außerdem sät sie sich häufig selbst aus. Von der Gemeinen Fichte unterscheiden sie die flacheren, bläulichen und noch spitzeren Nadeln (7) und die wesentlich kleineren und runderen Zapfen, die von einem helleren Braun sind.

1

2

3

4

5

6

7

EUROPÄISCHE LÄRCHE *Larix decidua*

Die Lärchen gehören zu den bekanntesten laub-abwerfenden Nadelbäumen; sie ist gut an den kleinen ›Höckern‹ auf ihren Zweigen (1) zu erkennen. Die Europäische Lärche ist ein eleganter Baum (3) mit leicht hängenden Zweigen, deren Spitzen nach oben weisen oder waagerecht auslaufen. Gezüchtet kann sie bis zu 45 m hoch werden, aber in der freien Natur sind eher Bäume von 30-35 m Höhe zu finden. Ihre graue bis braune Rinde (2) weist lange Risse auf. Ab Ende März wachsen die weichen, hellgrünen Nadeln in Büscheln (4) auf besonderen ›Kurztrieben‹ (den Höckern), bis sie sich Ende Oktober goldbraun verfärben und abfallen. Männliche (6) und weibliche (7) Zapfen sitzen oft am selben Zweig. Die weiblichen sind fedrig und purpurrot; die winzigen, hellgelben männlichen Zapfen haben um die Basis einen rötlichen Ring und werfen im April ihren Blütenstaub ab. Die ausgereiften eiförmigen, glatten, weniger als 4 cm langen Zapfen (5) bleiben häufig über Jahre am Baum stehen.

Die **Japanische Lärche** *L. kaempferi* hat orange-braune Zweige, flachere, grauere Nadeln als die Europäische Lärche und Zapfen mit nach außen gebogenen Schuppen (8). Sie wird, ebenso wie die *Larix* x *eurolepis* (ein Hybride aus der Europäischen und der Japanischen Lärche, (9)), wegen ihrer Schnellwüchsigkeit häufiger angepflanzt als die Europäische Lärche.

1

2

HIMALAYAZEDER   *Cedrus deodara*

Zedern sind massive, immergrüne Bäume, deren Nadeln, wie die der Lärchen auch, in Büscheln aus besonderen ›Kurztrieben‹ wachsen. Die reizvolle, kegelförmige Himalayazeder (2) hat einen überhängenden Leittrieb; ihr glatter oder leicht rissiger Stamm (1) wird oft von den bis in Bodennähe herabhängenden, unteren Zweigen verdeckt. Anfangs sitzen die Nadeln (sie sind mit 3-4 cm länger als die anderer Zedernarten) in weiträumigen Spiralen an den jungen Zweigen; später in Büscheln (3). Wenn im Herbst die langen, zylindrischen, sanft geschwungenen männlichen Zapfen reif sind, haben sie eine auffällige purpurrote Färbung; die prallen, eiförmigen weiblichen Zapfen (4) mit ihren enganliegenden Schuppen reifen in zwei bis drei Jahren zu einer Länge von 10-14 cm heran. Dieser aus dem Himalaya stammende, schnellwachsende Baum ist heute als Zierbaum weit verbreitet, gelegentlich wird er aber auch als Nutzholz angepflanzt. Von den anderen Zedernarten läßt er sich durch den überhängenden Leittrieb und seine längeren Nadeln leicht unterscheiden.

1

2

3

4

LIBANONZEDER *Cedrus libani*

Der Stamm dieses massiven, breiten Baumes (4) mit seiner beinahe flachen Krone kann einen enormen Umfang erreichen und ist gewöhnlich in komplizierter Weise verzweigt. Die oberen Äste sind fast gleich hoch, und die unteren hängen häufig herab, wodurch der Eindruck entsteht, als würden vereinzelte, dicke Tupfen von Laub um den Stamm schweben. Die stumpfgraubraune Rinde (2) hat gewundene Furchen, und die Nadeln (3) sind kürzer, härter und fast immer von matterem Grün als bei der Himalayazeder. Die 5 cm langen männlichen Zapfen haben einen grauen Farbton; die weiblichen Zapfen gleichen denen der Himalayazeder, sind aber an der Spitze flacher und nehmen ausgereift eine blaßrosa Tönung an (5). In ihrer Heimat, dem Nahen Osten, ist die Libanonzeder nur noch selten zu finden. Bei uns wird sie eher wegen ihrer dramatischen Wirkung als zu Zierzwecken angebaut.

Die **Atlaszeder** *C. atlantica* ist in ihrer gewöhnlichen, blauen Form *C. glauca* (6) leicht zu erkennen; grüne reife Bäume sind jedoch nur schwer von der Libanonzeder zu unterscheiden. Bei jungen Bäumen zeigen die Spitzen aller Triebe nach oben, und auch ältere, flachere Bäume behalten die Spur einer Spitze. Die ›Kurztriebe‹ sind länger als die der Libanonzeder und die Zapfen (1) kürzer. Diese Zeder stammt aus dem Atlasgebirge Nordafrikas.

3

4

5

6

PINIE *Pinus pinea*

Ihren charakteristischen Anblick verdankt die Mittelmeerküste vor allem den Pinien (7), die mit ihren kuppelförmigen Kronen willkommenen Schatten spenden. Besondere Kennzeichen sind die paarig stehenden, graugrünen, langen (10-20 cm) Nadeln (6) und die orangebraune Rinde (2) mit ihren tiefen, senkrechten Rissen. Die männlichen Zapfen (3) sind klein und orangefarben, die weiblichen (5) reifen zu großen, gerundeten, sattbraun glänzenden Zapfen (4) heran, die dann die ökonomisch wertvollen, eßbaren, flügellosen Samen abwerfen. An der Küste des Mittelmeeres wird die salzwasserresistente Pinie häufig angepflanzt; durch ihre Frostempfindlichkeit ist sie weiter nördlich eher selten.

Die **Strandkiefer** *P. pinaster* ist eine andere Pinienart der Mittelmeerküste, ihre Krone ist größer, lichter und ziemlich ausufernd. Die reifen Zapfen (1) sind wesentlich schmaler und kegelförmiger als die der Pinie und stehen manchmal mehrere Jahre am Baum, bevor sie sich öffnen. Aus dem Stamm kann Harz gewonnen werden.

1

2

3

4

5

6

7

GEMEINE WALDKIEFER
Pinus sylvestris

Diese große, 35-40 m hohe Kiefer (**6**) hat (als einzige Kiefernart) ihre Heimat auf den Britischen Inseln und ist inzwischen in ganz Europa verbreitet. Am oberen Teil des Stammes variiert die Farbe der in kleine, glatte Platten gebrochenen Rinde von rostbraun bis orange. Die flachen, blaugrauen Nadeln stehen zu zweit und werden 3-7 cm lang. Im Mai sitzen die männlichen Zapfen (**3**) deutlich sichtbar in gelben Trauben an der Basis der jungen Triebe; sie fallen bald darauf ab. Die weiblichen Zapfen (**4**) sind anfangs grün, reifen aber in drei Jahren zu ovalen, graubraunen Zapfen von 4-7 cm Länge (**5**) heran. Bei der Gemeinen Waldkiefer handelt es sich um eine äußerst wandlungsfähige Baumart, von der mehr als 150 Varietäten bekannt sind. Sie gedeiht auf beinahe allen Böden und bildet auf dem ganzen eurasischen Kontinent riesige Waldbestände. Ihre Krone ist ausgeprägt kegelförmig (**7**) und entwickelt die reife, an der Spitze abgeflachte Form (**6**) erst spät; manche Arten behalten ihre kegelförmige Krone für immer. Die Abbildung (**1**) zeigt einen Setzling.

Die **Bergkiefer** *P. mugo* ist fast schon ein Strauch, der in den hohen Lagen der Alpen als Buschwerk zu finden ist; ihre Nadeln (**8,9**) wachsen ebenfalls paarig. Sie wird häufig angepflanzt.

1

2

3

4

5

6

7

8

9

SCHWARZKIEFER
Pinus nigra spp. *nigra*

Die Schwarzkiefer ist ein großer Baum mit dichtverzweigter Krone (4) und sehr dunkler Rinde (2). Gewöhnlich ist die Krone kegelförmig, aber unregelmäßig gewachsen und erscheint von weitem beinahe schwarz. Anfangs sind die paarig stehenden Nadeln dunkelgrün und gerade (1), aber mit zunehmendem Alter biegen sie sich nach innen und werden sehr dunkel (5); die Knospen sind lang und zugespitzt. Die 5-8 cm langen Zapfen (6,7) wirken wie schief geratene Zapfen der Gemeinen Waldkiefer. Ursprünglich aus den Gebirgen Mitteleuropas stammend, wird die Schwarzkiefer heute weitläufig als Zierbaum und zum Schutz angepflanzt; vornehmlich auf Kalkböden. Andernorts wird, vor allem für die Forstwirtschaft, die Korsische Schwarzkiefer spp. *laricio* wegen ihres besseren Nutzholzes bevorzugt. Man erkennt sie an ihren biegsamen, verdrehten Nadeln, die blasser und länger sind als die der Schwarzkiefer, und an den plumperen Knospen. Ihre männlichen Blüten sind unter (3) abgebildet.

Die **Drehkiefer** *P. contorta* ist eine nordamerikanische Art, die in Westeuropa vor allem in großen Höhen und auf besonders nährstoffarmem Boden angepflanzt wird. Sie hat grüneres Laub (8), sehr kurze Nadeln (3-6 cm) und kleine, stachlige Zapfen (9).

4

5

6

7

8

9

MONTEREYKIEFER   *Pinus radiata*

Ursprünglich kam dieser große, massive Baum mit der abgerundeten Krone (5) nur in einigen kalifornischen Küstenregionen vor; heute ist er wegen seiner guten Windverträglichkeit auch oft an den Küsten Westeuropas zu finden. Seine Rinde (2) weist tiefe, senkrechte Furchen auf und ist in komplizierten Mustern zerrissen. Seine langen (10-15 cm), dünnen, hellgrünen Nadeln (1,4) stehen zu dritt und lassen die Zweige eher zart aussehen. Die einzigartigen Zapfen (6) der Montereykiefer verbleiben am Baum und können so jederzeit als Bestimmungshilfe dienen: Sie sind bis zu 14 cm groß, und wegen einer Vergrößerung der Buckel auf den Zapfenschuppen stehen diese an einer Seite heraus. Ihre männlichen Blüten sind unter (3) abgebildet.

Ebenfalls zu den dreinadeligen Kiefernarten zählt die **Gelbkiefer** *P. ponderosa,* deren Nadeln aber länger sind (20 cm) und einen matten, graugrünen Farbton (7) haben. Ihre Krone ist schmaler, die zartrosa oder gelbliche Rinde schuppig, und ausgereifte Zapfen sind ein wenig schmaler (8-12 cm) mit angedeuteten Stacheln.

1

2

3

4

5

6

7

ZIRBELKIEFER, ARVE   *Pinus cembra*

Die Arve ist einer der am häufigsten angebauten Bäume aus der Gruppe der fünfnadeligen Kiefern. Am verbreitetsten ist dieser Art relativ kleine Baum (er wird selten höher als 20 m) mit der dichten, schmalen Krone (3) in Nordeuropa, doch auch in den höheren Lagen mitteleuropäischer Gebirge gibt es wildwachsende Arven. Die Rinde ist nur leicht gefurcht und schuppig; die kurzen Nadeln (1) sind dunkelgrün auf der einen und grauweiß auf der anderen Seite. Sie sitzen in dichten Büscheln an Zweigen, die mit einer Art braunem Pelz bedeckt sind. Anfangs haben die gedrungenen, kurzen Zapfen (2) einen bläulichgrünen Farbton, ausgereift eine braunrote Tönung .

Die **Strobe** oder **Weymouthkiefer** *P. strobus* gehört ebenfalls zu den fünfnadeligen Kiefern; ihre Nadeln (4) werden 12-14 cm lang. Sie ist sehr viel größer als die Arve, stammt ursprünglich aus dem östlichen Nordamerika und wurde bei ihrer Einführung weitläufig angepflanzt. Ihre langen Zapfen (4) sind sehr schmal, haben häufig eine gebogene Spitze und hängen an den Zweigen.

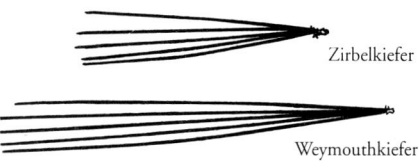

Zirbelkiefer

Weymouthkiefer

1

2

3

4

Ginkgo, 28

Bergahorn, 196

Silber-
pappel,
92

♂

Zitter-
pappel, 94

♂

S.P.
♀

Schwarzpappel, 96

♂

Walnuß, 102

Eßka-
stanie, 114

Hainbuche,
108

♂

Hasel
110

Hänge-
birke,
104

♂

♂

80

Sumpf-
zypresse,
52

Stieleiche, 118

Rot-
buche,
112

Lorbeer-
weide,
88

♂

♂

Bruchweide,
82

♀

Europ.
Hopfen-
buche
108

Mandel-
weide, 88

Schwarz-
erle,
106

Salweide, 86

SILBERWEIDE *Salix alba*

Die Silberweide ist ein großer Baum mit unregelmäßiger, stark verzweigter Krone, dessen steil emporragende Äste von dem silbergrauen Laub (7) verdeckt werden. Sie kann eine Höhe von 15-20 m erreichen, und die Rinde (3) ihres Stammes ist graubraun und tief gefurcht. Die langen, schmalen Blätter (6) sind an der Unterseite behaart, die Blattspitzen leicht verdreht. Die Kätzchen sind lang und schmal, männliche (4) besitzen je zwei Staubgefäße und färben sich im April hellgelb, während die anfangs grünen weiblichen (5) Kätzchen im Juni weiß und flaumig werden und ebenso flaumige Samen abwerfen. Längliche Knospen schmiegen sich eng an die Zweige (1). Obwohl im Norden eingeführt, ist die Silberweide ein in ganz Europa weitverbreiteter, für das Tiefland typischer Uferbaum. Es gibt viele Varietäten, darunter die Dotterweide ssp. *vitellina* (s. S. 84) mit ihren auffällig gelben Zweigen und ssp. *coerulea*, die ›Kricketschlägerweide‹, welche eine dichtere Krone und bläuliche Blätter hat und aus deren Holz Kricketschläger hergestellt werden.

Die Krone der **Bruchweide** *S. fragilis* ist breiter, und die Blätter sind von hellerem Grün (8). Ihre Zweige (2) brechen sehr leicht ab und schlagen dann Wurzeln. Eine verwirrende Vielzahl von Hybriden entsteht, wann immer zwei Elternteile beieinander stehen. Männliche (9) und weibliche (10) Kätzchen sind ebenfalls abgebildet.

1

2

3

TRAUERWEIDE   *Salix x chrysocoma*

Obwohl die Trauerweide zu den sehr leicht zu erkennenden Bäumen gehört, ist die Nomenklatur und Identifizierung bei einigen Unterarten von ihr nicht besonders einfach. Die am häufigsten angepflanzte Form *S. chrysocoma* (5) ist ein Hybride aus der Dotterweide und der Chinesischen Trauerweide *S. babylonica*. Ihr besonderes Kennzeichen sind die langen, geschwungenen, bis zum Boden herabhängenden Triebe mit den schmalen, weichbehaarten Blättern (4). Die Zweige (1) sind von hellgelber Farbe, die meist ausschließlich männlichen Kätzchen (3) sind ebenfalls gelb und biegen sich nach oben. Die Elternart *S. babylonica*, mit braunen Zweigen und kürzeren Kätzchen, kommt wesentlich seltener vor. Andere Hybriden entstehen mit der Silberoder Bruchweide anstelle der Dotterweide, sie alle haben hängende Zweige und einige Eigenschaften der Elternart.

Die **Dotterweide** *S. alba* ssp. *vitellina* (6) ist eine Varietät der Silberweide (s. S. 82) und eine der Elternarten des Hybriden Trauerweide. Sie wird wegen ihrer leuchtendgelben Zweige (2) angepflanzt, die gerader wachsen. Blätter und Kätzchen ähneln denen der Silberweide.

3

4

5

6

SALWEIDE   *Salix caprea*

Normalerweise wächst die Salweide als großer Strauch, doch es kommt auch vor, daß sie sich zu einem 3-10 m hohen Baum (**8**) entwickelt. Der Stamm (**3**) kann glatt bis gefurcht sein, die Äste wachsen in die Höhe und haben völlig glatte Zweige (**1**). Die Blätter der Salweide sind runder als die jeder anderen baumausbildenden Weide. Sie sind weniger als doppelt so lang wie breit, dunkelgrün, an der Oberseite leicht gerunzelt (**7**) und unterseits grau und seidig (**6**). Äußerst eindrucksvoll sind die männlichen Bäume im März und April, wenn ihre großen, hellgelben Kätzchen (**5**) blühen; weibliche Bäume tragen längere (bis zu 7 cm), seidiggraue Kätzchen (**4**), die im Mai aufspringen und wollige Samen freigeben. Die Salweide ist in ganz Europa weit verbreitet, sowohl in feuchten als auch in trockenen Wäldern.

Die **Grauweide** *S. cinerea* tritt meist als Strauch auf, aber auch kleine Bäume können an den leicht behaarten Zweigen (**2**), die kleine Erhebungen unter der Rinde haben, erkannt werden. Die Blätter (**9**) sind schmaler und etwa doppelt so lang wie breit. In vielen Teilen Europas kommen auch die beiden Unterarten *cinera* und *atrocinera* (zu erkennen an den rostroten Haaren auf der Unterseite der Blätter) vor, wobei letztere weiter verbreitet ist. Sie bevorzugen feuchtere Plätze als die Salweide. Ihre Kätzchen sind unter (**10**) abgebildet.

1

2

3

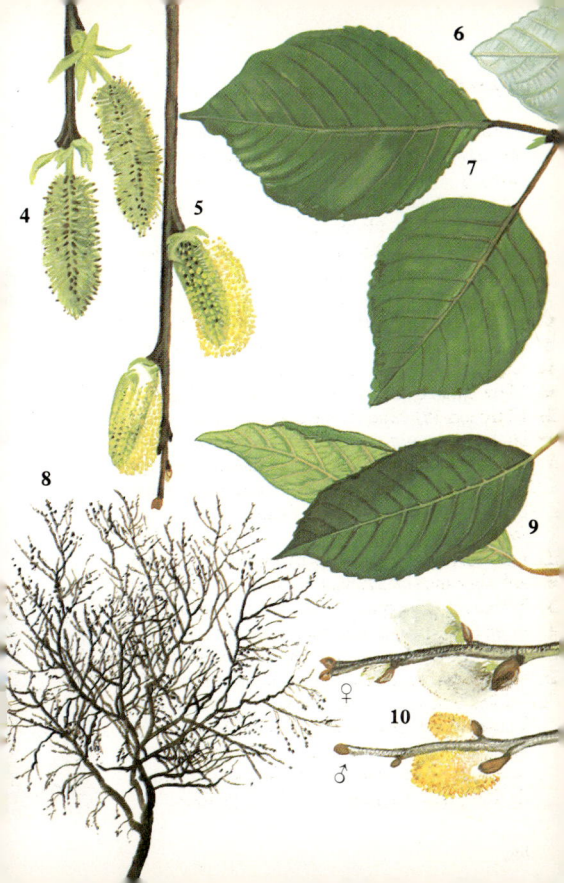

MANDELWEIDE *Salix trianda*

Früher wurde die Mandelweide weitläufig als Korbweide angepflanzt. Dafür ließ man aus einem Stumpf gerade, lange Triebe herauswachsen, um so die für die Korbflechterei benötigten Weidenruten zu erhalten. Ein unbeschnittener Baum wird 10-12 m hoch und ähnelt in der Form einer Silberweide. Gut zu erkennen ist er an der glatten, abschuppenden Rinde (**1**) und den langen, schmalen, haarlosen Blättern (**3**), die etwa fünfmal so lang wie breit sind. Sehr auffällig sind im April die hellgelben männlichen Kätzchen (**4**) mit jeweils drei Staubgefäßen pro Blüte. Obwohl die Mandelweide in vielen Teilen Europas, außer weit im Norden oder Westen, häufig vertreten ist, wird sie oft übersehen. Gewöhnlich findet man sie in ehemaligen Korbweidengründen in sumpfigen Tälern und in Niederungen.

Die **Lorbeerweide** *S. pentandra* ist meistens kleiner. Sie hat eine gefurchte Rinde (**2**), klebrig wirkende Knospen und stärker gerundete (sie sind nur etwa dreimal so lang wie breit), nach Lorbeer duftende Blätter mit dunkelgrüner glänzender Oberfläche (**6**) und blasserer Unterseite. Im Mai erscheinen die schönen männlichen (**5**) Kätzchen mit fünf oder mehr Staubgefäßen pro Blüte; die weiblichen Kätzchen (**7**) sind ebenfalls sehr auffällig. Die Lorbeerweide ist ein typischer Baum des Nordens und des Hochlandes, der an Seen, Flußufern und in Weidensümpfen zu finden ist.

♀

3

4

5

6

7

KORBWEIDE   *Salix viminalis*

Die Korbweide mit ihren, oft aus beschnittenen Wurzelstöcken treibenden, sehr langen Zweigen (4) ist ein typischer Baum des Tieflands. Ihre schmalen Blätter (1) sind 10-15mal länger als breit, an der Unterseite weiß und mit kurzen, seidigen Haaren bewachsen; sie stehen fast waagerecht am Zweig. Zusammen mit dem Laub erscheinen im April und Mai die eher unauffälligen Kätzchen; da sie sehr kurze Stiele haben, bleiben sie meist hinter den langen Blättern verborgen. Die spitzen, männlichen Kätzchen (3) sind gewöhnlich etwa 3 cm groß, die zylindrischen weiblichen (2) werden länger. Der natürliche Lebensraum der Korbweiden sind Flußufer, Niederungen und Sümpfe. Früher wurde sie im großen Umfang zusammen mit zahlreichen Hybriden in besonderen Korbweidengründen, die in feuchten Tälern lagen, angepflanzt. Heute sind diese Gebiete meistens zu einem undurchdringlichen Dickicht verwildert. Die Korbweide ist in ganz Europa weit verbreitet.
S. eleagnos ist eine andere schmalblättrige Weide aus Mitteleuropa, die besonders an Flußbänken im Bergland vorkommt. Sie hat sehr schmale, geschwungene Kätzchen. Häufig wird eine Form kultiviert, die mit ihren feinen Blättern (5) einer Tamariske ähnelt.

beschnittene Baumstümpfe

1

2

3

5

SILBERPAPPEL   *Populus alba*

Die Pappeln sind eine rätselhafte Gruppe, bei der schwer zu sagen ist, welche Bäume zur echten Spezies gehören und wo sie ursprünglich heimisch waren. Wahrscheinlich stammt die Silberpappel aus Süd- und Osteuropa und wurde von dort in das übrige Europa eingeführt. Die mittelgroße, ziemlich unregelmäßige Krone (5) hat kurze Äste; die gefurchte Rinde (2) ist von dunkler, graubrauner Farbe. Bei jungen Bäumen erkennt man dunkle Male auf der weißlichen Rinde. An den gefurchten, flaumigweißen jungen Zweigen (1) sitzen die stark gelappten Blätter (3) mit der mattgrünen Oberfläche und einer weißen Unterseite. Von März bis Anfang April erscheinen die sehr auffälligen Kätzchen (4). Männliche werden bis zu 10 cm lang, sind grau behaart und hell rötlich bis purpurfarben; weibliche Kätzchen sind grünlich und haben sorgfältig voneinander getrennte Blüten. Die Silberpappel ist widerstandsfähig gegen Wind und verbreitet sich zahlreich durch Wurzelschößlinge, so daß sie häufig in Meeresnähe zur Festigung lockeren Sandbodens gepflanzt wird.

Bei der **Graupappel** *P. canescens* handelt es sich um einen größeren Baum mit weniger stark gelappten Blättern (6), deren Unterseite eher grau ist. Wahrscheinlich ist sie ein Hybride aus der Silberpappel und der Zitterpappel (s. S. 94) und ist wesentlich weiter verbreitet als diese beiden.

1

2

3

4

5

6

ZITTERPAPPEL *Populus tremula*

Die in Europa am weitesten verbreitete Pappel ist gleichzeitig auch die kleinste, denn die Zitterpappel (4) wächst kaum über eine Höhe von 15 m hinaus. Ihre glatte, silbriggrüne Rinde (2) kann braun oder grau werden; die Zweige (1) glänzen leicht. Man erkennt sie sofort an ihren runden, sanft gezähnten Blättern (3), die auf den langen Stielen schon beim leisesten Windhauch zu flattern beginnen. Wurzelschößlinge, die auf dem Boden rund um den Baum wachsen und häufig ein ausgedehntes Dickicht bilden, haben herzförmige, ungezähnte Blätter. An männlichen Bäumen erscheinen noch vor den ersten Blättern die 4-8 cm langen, seidigen, gedrungenen Kätzchen (6). Die zuerst grünen Kätzchen (5) der weiblichen Bäume werden im Mai, wenn sie die wolligen Samen (7) fliegen lassen, weiß. Die Verbreitung der Zitterpappel reicht von der Arktis über ganz Asien bis zum Mittelmeer, und sie gedeiht ebenso in feuchten, lichten Wäldern, in denen sie am häufigsten vorkommt, wie in Gebüschen oder auf Schutthalden. Im Heideland steht sie oft zusammen mit der Moorbirke (s. S. 104). Man kann die Zitterpappel im Wald leicht an ihren nur sehr langsam verrottenden Blättern erkennen, die auch während des Winters als abgefallenes Laub ihre gelbe Farbe behalten.

1

2

3

4

5

6

7

SCHWARZPAPPEL *Populus nigra*

Die Herkunft der Schwarzpappeln mit ihrer dunklen, tief gefurchten Rinde (2), den fein gezähnten Blättern und den nahezu haarlosen Kätzchen, ist unbekannt. Die echte europäische Schwarzpappel ist heute nur noch selten anzutreffen, sie ist jedoch an ihrer etwas schlaffen, plumpen Krone (7), dem hohen Wuchs (30-35 m) und dem massiven, unebenen Stamm zu erkennen. Ihre Knospen (1) sind hellgrün, die glänzenden Blätter (5) sitzen an kräftigen Stielen. Männliche Bäume tragen im April, noch bevor die ersten Blätter erscheinen, große Mengen von hellroten Kätzchen (4); weibliche Kätzchen (6) sind länger, mit weiter auseinanderliegenden Blüten. Vielleicht ist die Schwarzpappel in feuchten Wäldern und Flußtälern heimisch, sie gedeiht aber ebenso im südlichen Mittelmeerraum. Die folgenden Hybriden und Varietäten werden häufiger angepflanzt.

Die **Pyramidenpappel** *P. nigra* var. *italica* besitzt eine unverwechselbar schlanke Silhouette (8). Sie ist immer männlich, weit verbreitet und hat eine ebene Rinde.

Die **Italienische Bastardschwarzpappel** *P.* x *canadensis* var. *serotina* (9) wird leicht mit der Schwarzpappel verwechselt. Sie ist jedoch größer, ohne Buckel auf dem Stamm (3) und hat eine zierlichere Krone. Dieser Hybride aus *P. nigra* und der amerikanischen *P. deltoides* ist sowohl als Zier- wie auch als Nutzbaum weit verbreitet.

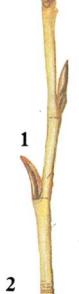

ÖSTLICHE BALSAMPAPPEL
Populus x *gileadensis*

Die Östliche Balsampappel ist eine der verbreitetsten Formen aus der Gruppe der Balsampappeln. Ihren Namen verdanken sie dem starken Duft, den die dicken, klebrigen Knospen im Frühling ausströmen und den man schon von weitem riechen kann. Die schnellwachsende Östliche Balsampappel wird gelegentlich 30 m (5) hoch, meist sieht man jedoch kleinere Exemplare mit zierlicher, kegelförmiger Krone, umgeben von Wurzelschößlingen (6). Die rissige Borke (2) ist graubraun, und die kräftigen, leicht eckigen Zweige (1) sind behaart. Die Blätter (4) sind an der Oberseite blaßgrün, unterseits eher gelblich und auf den Blattadern behaart. Wahrscheinlich ist dieser Baum ein Hybride aus der Balsampappel *P. balsamifera* und der Rosenkranzpappel *P. deltoides*. Als Hybride hat sie keine männlichen, sondern nur lange, grüne weibliche Kätzchen. Sie vermehrt sich durch Wurzelschößlinge. Häufig wird sie auf Müllhalden angepflanzt und ist, besonders wenn sie als vielfarbige Form verkauft wird, auch als *P. candicans* bekannt. Die Balsampappel trägt sowohl männliche als auch weibliche Kätzchen (3). Die **Westliche Balsampappel** *P. trichocarpa* stammt ebenfalls aus Nordamerika, wird aber seltener angepflanzt. Sie hat sehr eckige Zweige, Blätter (7), die auf geraden Stielen sitzen, und keine Wurzelschößlinge.

1

2

3

4

5

7

6

NÜSSE

Walnuß, 102

Gemeine Roßkastanie, 198

Stieleiche, 118

Spanische Platane, 146

Rotbuche, 112

Eßkastanie, 114

Hasel, 110

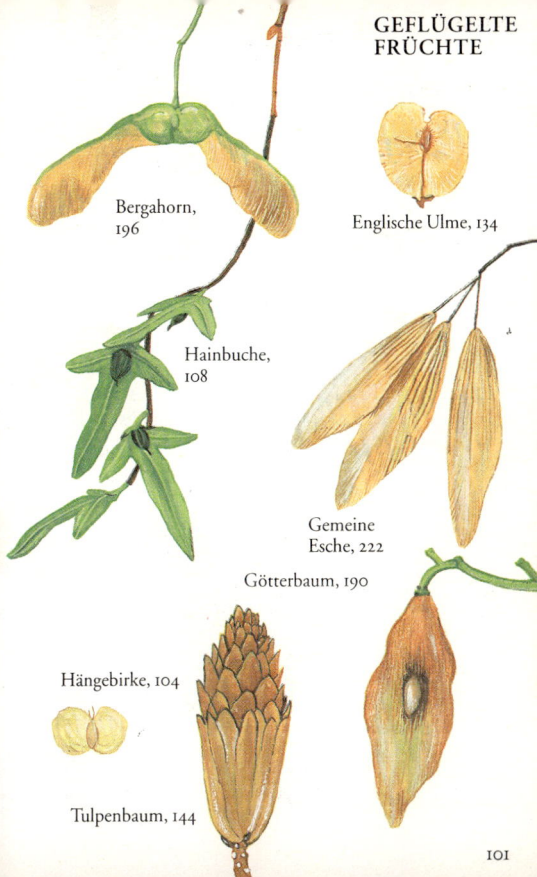

GEFLÜGELTE FRÜCHTE

Bergahorn, 196

Englische Ulme, 134

Hainbuche, 108

Gemeine Esche, 222

Götterbaum, 190

Hängebirke, 104

Tulpenbaum, 144

ECHTE WALNUSS *Juglans regia*

Dieser stattliche Baum wurde wahrscheinlich schon im 15. Jahrhundert wegen seiner wohlschmeckenden Früchte aus Südosteuropa eingeführt. Walnußbäume stehen oft allein in Parks oder Gärten, wo sie eine ausladende Krone (8) mit weiten, tiefsitzenden Ästen entwickeln und selten höher als 20 m werden. Häufig ist der massive Stamm mit glatten, breiten, grauen Platten besetzt, die von tiefen Furchen (3) getrennt werden; die Zweige (2) sind ziemlich kräftig. Die auffällig großen Blätter (4) bestehen aus 3-4 Paaren zugespitzter, lederiger, mattgrüner Blättchen, jedes bis zu 15 cm groß und stark duftend; sie ähneln einem zu groß geratenen Eschenblatt. Männliche Blüten (6) bilden hängende Kätzchen, während weibliche Blüten (7) in kleinen, unauffälligen Gruppen an den Spitzen der Triebe sitzen und zu großen, grünen Früchten von 5 cm Durchmesser heranreifen, welche die bekannten runzligen Nüsse (5) enthalten. Die echte Walnuß wird wegen ihrer Früchte und des Nutzholzes weitläufig angebaut. Im Frühling ist sie an den sattorangefarbenen Blättern leicht zu erkennen.

Die aus Amerika stammende **Schwarze Walnuß** *J. nigra* ist seltener, doch an der dunklen, tiefgefurchten Rinde und den feineren, heller grünen Blättern (9), bestehend aus etwa 15 Blättchen, leicht zu erkennen.

4

5

6

7

8

9

HÄNGEBIRKE   *Betula pendula*

Dieser schnellwachsende Baum, der nur selten
mehr als 100 Jahre alt wird, gedeiht nahezu überall in Europa. Er kann leicht an den von aufrechten Hauptästen (7) herabhängenden Zweigen erkannt werden sowie an der weißen, schuppigen
Rinde (1) mit den auffälligen, schwarzen Flek-
ken. Bei jungen Bäumen ist die Krone noch kegelförmig und die Rinde von rötlichbrauner Farbe. Obwohl die Hängebirke durchaus eine Höhe
von 30 m erreichen kann, sieht man selten Exemplare, die höher als 20 m sind. Die ovalen Blätter
(6) sind lang zugespitzt und deutlich gezähnt.
Die männlichen, 4-5 cm langen, gelblichen Kätzchen (4) hängen in kleinen Gruppen; die kürzeren weiblichen Kätzchen (3) sind im Frühling
grün und aufgerichtet, später hängen sie braun
(5) herab und lassen im Herbst große Mengen
winziger geflügelter Samen (8) ausfliegen. Jeder
Samen hat zwei Flügel, die doppelt so breit sind
wie der Samen selbst. Die Hängebirke ist ein typischer Baum für trockene, sandige und torfige Böden; häufig wächst sie auch auf Heideland.

1

Die **Moorbirke** *B. pubescens* hat eine eher graue
Rinde (2), sie ist nicht gezeichnet wie die der Hängebirke. Ihre Äste sind abstehend (10), die Blätter
(9) kurz zugespitzt und gleichmäßig gezähnt. Die
Flügel der Samen (11) sind schmaler. Sie ist ebenso
verbreitet wie die Hängebirke und bevorzugt
feuchteren Grund. Hybriden sind häufig.

2

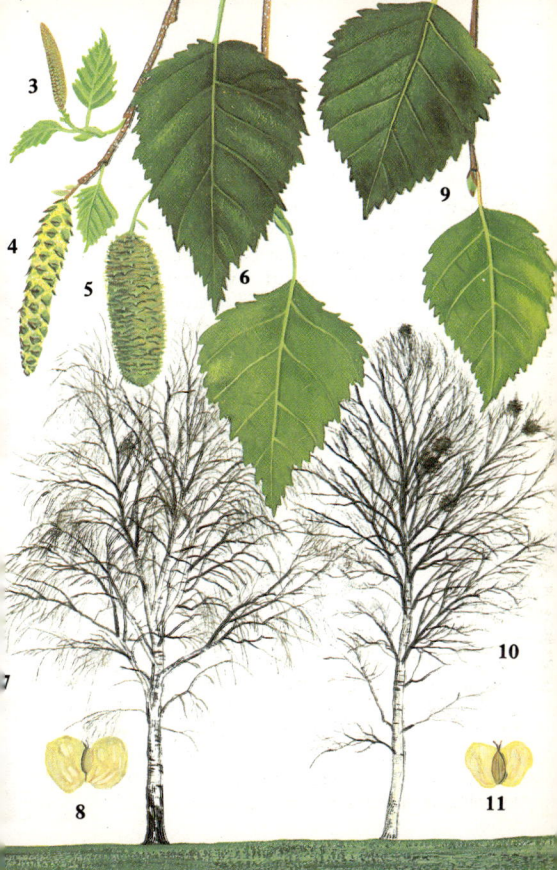

3

4

5

6

9

7

8

10

11

SCHWARZERLE *Alnus glutinosa*

Die Erle ist ein häufig vorkommender Uferbaum und erreicht frei wachsend selten eine Höhe von 20 m, während kultivierte Exemplare 40 m groß werden können. In der Jugend besitzt sie eine kegelförmige und regelmäßige Krone, die aber beim reifen Baum durch eine offene, auswuchernde Krone ersetzt wird (7). Die graue oder braune Rinde (1) ist von einem feinen Netz flacher Risse überzogen. Die auffällig gerundeten Blätter (6) ähneln denen der Haselnuß (s. S. 110), haben jedoch meist keine Spitze und sind hellgrün glänzend, mit 4-7 Paaren Blattnerven. Männliche Kätzchen (4) gleichen denen der Birke, zeigen jedoch einen auffälligen farblichen Kontrast mit ihren purpurnen Schuppen und den gelben Blüten. Die weiblichen Kätzchen (5) sind zapfenartig (3) und bleiben, noch lange nachdem die winzigen geflügelten Samen abgeworfen wurden, am Baum (2).

Die **Grauerle** *A. incana* wächst in fast ganz Europa. Häufig wird sie zur Rekultivierung der von Kohlengruben zerstörten Gebiete eingesetzt. Sie hat eine graue, glatte Rinde und ovale, zugespitzte Blätter (8), die scharf gezähnt und unterseits grau sind. Hybriden mit der Schwarzerle kommen vor.

Die **Grünerle** *A. viridis* wächst hauptsächlich in den Alpen und in Südosteuropa. Die Kätzchen erscheinen in kleinen Gruppen zusammen mit den Blättern (9), deren Form zwischen denen der Schwarz- und der Grauerle liegt.

1

2

3

4

5

6

7

8

9

HAINBUCHE, WEISSBUCHE
Carpinus betulus

Dieser attraktive Baum mit den jäh aufsteigenden Ästen entwickelt häufig eine Krone, die nahe der Spitze am breitesten ist. Er wird etwa 30 m hoch, und seine glatte, eher graue Rinde (**1**) ist manchmal gefurcht. Junge Bäume sind mehr kegelförmig; kurze Exemplare wurden wahrscheinlich gekappt (**7**). Die Blätter (**6**) ähneln denen der Buche, doch mit erhöhten, parallelen Blattnerven und scharf gezähntem Rand. Männliche Blüten stehen in hübschen, grünlichgelben, kleinen, fedrigen Kätzchen (**4**). Die sehr charakteristischen weiblichen Kätzchen (**3**) sind klein und grün; sie entwickeln sich zu auffälligen Büscheln von Früchten, wobei jede Frucht auf einem dreilappigen Flügel sitzt (**5**). Die Hainbuche findet man, mit Ausnahme des Nordens und des Westens, in vielen Teilen Europas; sie wird weitläufig angepflanzt und bildet oft das untere Baumdach in Eichenwäldern.

Bei der **Europäischen Hopfenbuche** *Ostrya carpinifolia* handelt es sich um einen selten angepflanzten, südeuropäischen Baum, den man an seinen hopfenähnlichen, sehr blassen, gelblichgrünen Früchten (**8**) und an der fein gefurchten Rinde (**2**) erkennen kann.

3

4

5

6

7

8

GEMEINE HASEL *Corylus avellana*

Hält man sich an die Aussage, daß ein Baum einen einzelnen Stamm haben muß, so gehört die Hasel strenggenommen nicht in diese Kategorie, denn sie formt meistens einen buschigen Strauch langer, gebogener Zweige (6) aus. Es ist jedoch möglich, daß sie unbeschnitten einen Stamm bildet und 8-10 m hoch wird. Zu jeder Jahreszeit ist die Hasel leicht zu erkennen: Im Winter an ihrem Wuchs, den fast immer gelblichbraunen Zweigen (1), den auffällig grünen, gerundeten Knospen und den unreifen Kätzchen. Im Frühling an den wohlbekannten, 4-7 cm langen, gelben, männlichen Kätzchen (2), die seit Dezember zu ihrer charakteristischen Form herangereift sind, und im Sommer an den runden, zugespitzten Blättern (3), die mit leicht stachligen Haaren bedeckt sind. Im Herbst findet man schließlich die wohlbekannten Trauben aus 3-4 erst grünen (4), später braunen (5) Nüssen, eingehüllt in die auffälligen, gefransten Deckblätter. Mit Ausnahme der skandinavischen Berge ist die Hasel in ganz Europa ein verbreiteter Busch, der in Eichenwäldern häufig die Strauchschicht bildet, aber neben kleinen Bäumen durchaus auch das untere Baumdach erreichen kann.

1

2

3

4

5

6

GEMEINE BUCHE, ROTBUCHE
Fagus sylvatika

Dieser beeindruckende Baum mit seiner gewaltigen breiten Krone (**10**) kann eine Höhe von 30-40 m erreichen. Der glatte, graue (**2**) Stamm (der manchmal allerdings grün von Algen ist) verzweigt sich oft fast horizontal. Die oval zugespitzten Blätter haben gewellte Ränder. Junge Blätter sind auf der Unterseite seidig behaart und von zarter gelbgrüner Farbe (**3**), die bald in ein glänzendes Dunkelgrün (**5**) übergeht, bis sie schließlich im Spätherbst ein sattes Braun (**9**) annimmt. Junge Bäume und Hecken behalten ihr Laub im Herbst. Die schmalen, zugespitzten Knospen (**7**) erscheinen an braunen, wenig biegsamen Zweigen. Männliche Blüten hängen an langen Stielen (**6**) in kleinen, runden Kätzchen, weibliche stehen in aufrechten, kurzgestielten Büscheln (**4**). Ein fester, später in vier Teile aufspringender Mantel (**8**) schützt die dreikantige, glänzend braune Nuß, die im nächsten Frühjahr in großer Zahl keimt (**1**) und eßbar ist. Die Rotbuche ist von Spanien bis Südnorwegen und Südengland heimisch und wird weiter nördlich oft angepflanzt; in Nordwesteuropa wächst sie vorwiegend auf Kalk und trockenen Sandböden, in Mitteleuropa in Gebirgswäldern zusammen mit Eichen und Fichten. Ihr Holz wird für die Möbelherstellung verwendet, und viele Varietäten, wie z.B. die Blutbuche, werden als Zierbäume angepflanzt.

ESSKASTANIE *Castanea sativa*

Dieser schöne und auffällige Baum erreicht häufig eine Höhe von etwa 30 m. Mit ziemlicher Sicherheit wurde er von den Römern eingeführt, die ihn wegen seiner Nüsse schätzten. Obwohl es sich um einen robusten Baum handelt, der besonders auf leichten Sandböden gut gedeiht, ist die Eßkastanie in unseren Breiten eher selten zu finden. Ihre gleichmäßige, gut geformte Krone (6) besteht aus wenigen, starken, breit ausladenden Ästen; die Zweige (1) tragen große, gedrungene Knospen. Mit ihren tiefen, in parallelen Spiralen verlaufenden Furchen, die sich in Bodennähe noch stärker verdrehen, ist die Rinde (1) unverkennbar. Die schmalen, glänzend dunkelgrünen Blätter (3) sind scharf gezähnt und gehören zu den längsten, die man in Europa finden kann (sie werden bis zu 25 cm lang). Die Kätzchen erscheinen später als bei den meisten anderen Bäumen: Die langgestreckten männlichen Blüten (5) sitzen an starren, aufrechten Stielen und die kleinen, dornigen weiblichen Blüten an den Stielansätzen (4). Die weiblichen Blüten reifen zu den von einer grünen, stacheligen Fruchthülle umgebenen Kastanien (7) heran, zwischen denen noch die langen, braunen Stiele der längst verblühten männlichen Kätzchen herausragen. Gewöhnlich befinden sich in jeder Frucht zwei bis drei hartschalige, sehr aromatische Nüsse.

1

2

3

4

5

6

7

8

Stiel-
eiche,
118

Trauben-
eiche,
120

Zerr-
eiche,
124

Roteiche, 122

Sumpf-
eiche,
122

Pyrenäeneiche, 122

EICHEN

Steineiche, 128

Korkeiche, 130

Flaumeiche, 126

Kermeseiche, 130

Rundblättrige Eiche, 128

STIELEICHE *Quercus robur*

Dieser Baum ist mit Ausnahme des hohen Nordens in ganz Europa verbreitet und zudem der wichtigste Waldbaum Nordwesteuropas. Die in Größe und Form oft sehr unterschiedliche Stieleiche kann z.B. eine hohe und eher unregelmäßige Krone ausbilden und so in extremen Fällen beinahe 45 m groß werden; gewöhnlich bleibt sie aber unter 20 Metern und formt eine breite, gewölbte Krone (**8**). Die graue Rinde (**2**) ist leicht rissig und gefurcht; die Zweige (**3**) tragen gerundete, aber zugespitzte Knospen. An sehr kurzen Stielen sitzen tief gelappte Blätter (**6**), die an der Basis zwei kleine Öhrchen bilden. Anfang Mai, wenn sich auch die ersten Blätter zeigen, sieht man die auffälligen männlichen Kätzchen (**4**) in kurzen Büscheln herabhängen; die ähnlichen, aber kleineren weiblichen Kätzchen (**5**) tragen winzige Blüten. Im Herbst reifen dann die bekannten Eicheln (**7**) an langen Stielen heran. Da Eichelhäher und Eichhörnchen sie als Wintervorrat vergraben, entstehen manchmal ganze Gruppen von Setzlingen (**1**). Die Stieleiche bildet auf fettem Boden ausgedehnte Wälder; in feuchten Tälern wird sie jedoch von der Erle verdrängt, auf trockenem Grund im Süden von der Buche und im Norden von Esche, Birke oder Fichte.

3

4

5

6

7

8

TRAUBENEICHE   *Quercus petraea*

Die Traubeneiche ist der Stieleiche sehr ähnlich, obwohl sie nur selten eine solch massive und niedrige Krone ausbildet wie diese. Typische Traubeneichen sind gleichmäßiger gewachsene und insgesamt höhere, geradere und anmutigere Bäume (5). Am besten kann man sie anhand ihrer gräulichroten Zweige (2) sowie an den langstieligen Blättern (7), die an der Basis keine Öhrchen bilden, sondern keilförmig zulaufen, und den stengellosen Eicheln (6) unterscheiden. Der lange Stengel sitzt also bei ihr an den Blättern anstatt, wie bei der Stieleiche, an den Eicheln. Die Rinde (1) weist meistens längere, geradere Furchen auf und ist weniger rissig; die männlichen Kätzchen (4) sind länger, die weiblichen Blüten (3) sitzen unauffällig in den Blattachseln. Vor allem auf kargen, sauren Böden wird die Stieleiche stellenweise von der Traubeneiche verdrängt, wodurch an Pflanzen- und Insektenarten ärmere Wälder entstehen. Denn während die Stieleiche manchmal von den Raupen verschiedener Mottenarten regelrecht entlaubt wird, bleibt die Traubeneiche von solchen Angriffen verschont. Die Raupen wenden sich statt dessen anderen Jungpflanzen zu.

1

4

5

6

7

8

9

ZERREICHE   *Quercus cerris*

Dieser anmutige, langlebige Baum mit der hohen, kuppelförmigen Krone (5) bildet gewöhnlich einen langen, geraden und unverzweigten Stamm. Die graue Rinde (2) ist grob gefurcht und in den Rissen orange. Die Zerreiche unterscheidet sich von anderen Eichen durch lange, schmale Fasern, von denen die Blattknospen umgeben sind. Diese Fasern bleiben auch später als sogenannte Nebenblättchen an der Blattbasis stehen (4). An der Unterseite sind die dunklen, mattgrünen Blätter mit den tiefen, regelmäßigen, nahezu dreieckigen Lappen gewöhnlich behaart. Männliche Blüten wachsen als dichte Büschel stumpfgelber Kätzchen (3). Die länglichen Eicheln in ihren charakteristisch stacheligen und ungestielten Bechern reifen erst im zweiten Jahr (wie bei der Roteiche), weshalb man sie nur an älteren Zweigen findet. Die Zerreiche ist in Südosteuropa beheimatet und wird ansonsten gelegentlich als Parkbaum gepflanzt. Ein Winterzweig (1) ist ebenfalls abgebildet.

Die **Pyrenäeneiche** *Q. pyrenaica* hat schmalere Blattlappen (6); unterseitig sind die Blätter mit weißem Flaum besetzt. Sie steht spät im Laub und trägt große Mengen goldgelber männlicher Kätzchen. Die Becher der kurzstieligen Eicheln (7) sind schuppig. Die Pyrenäeneiche stammt aus dem südlichen Europa, ist in Belgien verbreitet und wird sonst eher selten angepflanzt.

1

2

3

4

5

6

7

FLAUMEICHE   *Quercus pubescens*

Die Flaumeiche stammt aus Mitteleuropa und ist dort weit verbreitet. In Parks oder Gärten kann sie 20-25 m hoch werden (5); häufiger sieht man sie allerdings als großen Strauch (6). Typisch sind ihre mit dichtem, grauem Flaum bedeckten Zweige (1); die graue Rinde (2) ist gefurcht. In vieler Hinsicht wirkt sie wie eine kümmerliche Traubeneiche (s. S. 120), doch ihre Blätter (4) sind weniger stark gelappt und, wenigstens zu Beginn des Jahres, unterseitig mit dichten, kurzen Haaren besetzt. Männliche Blüten (3) gleichen den Kätzchen anderer Eichen, und die eiförmigen Eicheln (7) sitzen in kleinen, leicht behaarten und kurzgestielten Bechern. Hauptsächlich in Südosteuropa bildet sie, als kleiner Baum oder Busch, auf Südhängen mit trockenem Kalksteinboden niedrige Wälder; vereinzelt ist sie jedoch auch weiter nördlich, in Frankreich, Belgien und Deutschland zu finden. Hier steht sie meist zusammen mit Hybriden der Traubeneiche oder der Stieleiche, so daß eine Bestimmung schwierig ist. Gelegentlich wird die Flaumeiche in Parks angepflanzt.

1

2

3

4

5

6

7

STEINEICHE *Quercus ilex*

Unter den immergrünen Eichen ist diese Form in Nordeuropa am häufigsten vertreten. Sie bildet eine breit ausladende, gewölbte Krone und erreicht eine Höhe von etwa 25 m (5). Aus einiger Entfernung wirkt die dunkel graubraune, fein gesprungene Rinde (1) fast schwarz. Die anfangs hellgrün leuchtenden Blätter (4) werden später mattgrün und nehmen danach eine dunkelgrüne Färbung an, die sie bis zum Abwerfen behalten. Sie sind lang und schmal und unterseitig mit kurzen, weißlichen Haaren versehen; nur bei den Schößlingen (6) sind die Blätter gelappt. Die langen, gelben Kätzchen der männlichen Blüten (2) heben sich sehr auffällig von dem dunklen Laub ab; zwischen Mai und September reifen die eiförmigen, ebenfalls gut sichtbaren Eicheln (3) heran. Obwohl sie auch weiter nördlich noch heimisch ist, findet man die Steineiche besonders häufig im Mittelmeerraum; sie wird aber gelegentlich auch angepflanzt.
Die **Rundblättrige Eiche** *Q. rotundifolia* findet man vor allem in Süwesteuropa. Sie ist ein kleinerer Baum mit helleren, eher grauen Blättern (7).

1

2
3
4
5
6
7

KORKEICHE *Quercus suber*

Neben der Olive und dem Wein gehört die Korkeiche zu den wirtschaftlich wichtigsten Pflanzen des Mittelmeerraumes. Zur Korkgewinnung wird die dicke, tief gefurchte graue Rinde (1) etwa alle zwanzig Jahre abgeschält. Dann ist der Baum an seinem glatten, hellbraunen Stamm leicht zu erkennen. Der Immergrün (5) mit der unregelmäßigen Krone wird gewöhnlich etwa 10 m hoch, kann aber eine Größe von 20 m erreichen. Seine schmalen, dunklen Blätter (2) mit der charakteristischen geschwungenen Mittelrippe sind mit dornigen Zähnen besetzt. Die männlichen Kätzchen (3) sind im Frühling deutlich zu erkennen; die eiförmigen Eicheln (4) in ihren fransenbesetzten Bechern reifen im selben Jahr. Die Korkeiche wächst hauptsächlich in Portugal und Südspanien, wird aber auch weiter nördlich angepflanzt.

Die **Spanische Eiche** *Q.* x *hispanica* ist ein Hybride mit der Zerreiche (s. S. 124). Sie verliert ihre Blätter im Frühling und ist somit kein echter Immergrün.

Die **Kermeseiche** *Q. coccifera* ist als Busch oder kleiner Strauch im Mittelmeerraum verbreitet; ihre kurzstieligen, haarlosen Blätter (6) sind dornig.

1

2

3

4

5

6

BERGULME *Ulmus glabra*

Durch die großen, kurzstieligen Blätter und das
Fehlen von Schößlingen ist die Bergulme (6) leicht
von anderen Ulmengewächsen zu unterscheiden.
Ihr Stamm gabelt sich oft schon kurz über dem Boden. Die erst glatte Rinde (3) entwickelt später tiefe, gerade Furchen und wird grau. Die großen
Blätter (5) sind sehr unterschiedlich geformt und
fühlen sich rauh an. Wie bei allen Ulmen ist eine
Seite des Blattes am Blattgrund stärker ausge-
dehnt, doch nur bei der Bergulme wird dabei der
Stiel verdeckt. Im späten Februar erscheinen die
roten Blüten (4) an den Zweigen (2), und auch die
geflügelten Früchte (1), die ihren Samen in der
Mitte tragen, findet man am Baum, bevor die Blätter sich entfalten. Von Nord- und Mitteleuropa bis
nach Westasien ist die Bergulme in Laubwäldern
verbreitet; sie hat sich als sehr widerstandsfähig gegen die Ulmenkrankheit (ein Pilz, der vom Ul-
mensplintkäfer übertragen wird) erwiesen.

Bei der **Holländischen Ulme** *U.* x *hollandica* handelt es sich vermutlich um einen Hybriden mit *U.
minor*. Die Ulmenkrankheit dezimierte diese früher weitverbreitete Baumart stark. Sie bildet viele
Schößlinge, hat breit ausladende Äste und eine rissige Borke. Die Äste der Huntigdon Ulme var. *ve-
geta* sind gerader, doch auch sie hat langstieligere,
glattere Blätter (7) als die Bergulme, und ihre Samen sitzen nicht in der Mitte der Frucht.

5

6

7

ENGLISCHE ULME   *Ulmus procera*

Die Englische Ulme ist (oder war bis zum Aufkommen der Ulmenkrankheit) der klassische Heckenbaum des englischen Tieflands, da sie durch das Austreiben vieler Schößlinge die erforderliche dichte Krone (6) bildet. Man erkennt sie leicht an den kleinen, runden Blättern (5) mit der dunkelgrünen, rauhen Oberfläche. Anders als bei der Bergulme wird der Stiel durch die schiefe Blattbasis nicht verdeckt. Die dunkle Rinde (3) ist gefurcht, die schlanken Zweige (2) sind behaart. Aus den roten Blüten (4), die zwischen Februar und März erscheinen, entwickeln sich bis zum Mai die Früchte (1), deren Samen im oberen Teil der runden Flügel sitzen. Wahrscheinlich stammt die Englische Ulme von den Britischen Inseln, wo verschiedene lokale Varietäten existieren.

Die Blätter (7) der **Feldulme** *U. minor* sind schmaler; trotz schiefer Blattbasis verlaufen Mittelrippe und Stiel gerade. Die Fruchtflügel sind oval. Dieser ungewöhnlich formenreiche Baum vermehrt sich durch Schößlinge und bildet verschiedene lokale Formen wie die Koritanische, die Cornwall und die Lockenulme (s. S. 136 f.). Sie ist in ganz Europa verbreitet, aber ebenfalls von der Ulmenkrankheit betroffen.

Die **Flatterulme** *U. laevis* hat sehr langstielige Blüten (8) und gehört ebenfalls zu den in Europa weitverbreiteten Bäumen.

1

2

3

5

6

7

8

Englische, 134

Locken, 134

Feld, 134

Koritanische, 134

Alle Bäume maßstabsgetreu (außer der Englischen, die normal größer ist)

Cornwall, 134

Huntigdon, 132

Holländische, 132

Berg, 132

SÜDLICHER ZÜRGELBAUM
Celtis australis

Dieser anmutige Baum oder Strauch bildet eine gleichmäßige Krone (**6**), die gewöhnlich von einem langen, geraden Stamm mit glatter, grauer Rinde (**1**) getragen wird. Äste und Zweige (**1**) sind schlank und leicht gebogen. Die schmalen, unregelmäßig gezähnten Blätter (**4**) sind an der Unterseite weich behaart und laufen in einer langen Spitze aus. Zwischen März und Mai erscheinen die Blüten (**3**) mit großen, auffälligen Griffeln und winzigen, rötlichbraunen Blütenblättern. Zusätzlich zu diesen Zwitterblüten trägt jeder Baum männliche Blüten. Die kleinen, fleischigen Beeren (**5**) haben einen Durchmesser von etwa 1 cm und reifen zu matten, roten bis braunvioletten Früchten heran. Im südlichen Europa sowie südlich der Alpen und in Westfrankreich ist der Südliche Zürgelbaum weit verbreitet. Er wächst auf trockenen, felsigen Böden ebenso wie an Flüssen und häufig auch als Gebüsch zusammen mit anderen Pflanzen wie der Flaumeiche (s. S. 126) und der Mannaesche (s. S. 222).

1

2

Zwitterblüte

3

4

5

6

SCHWARZE MAULBEERE   *Morus nigra*

Für seine Größe von höchstens 10 m entwickelt dieser unscheinbare Baum (5) einen unverhältnismäßig massiven Stamm, der oft dicke Buckel aufweist und dessen helle rötlichbraune Rinde (2) stark gefurcht ist. Die großen, ovalen Blätter (3) der Maulbeere können bis zu 20 cm lang werden; ihre Ränder sind gezähnt, manchmal auch gelappt, und sie sitzen an kräftigen, leicht behaarten Zweigen (1). Im Mai öffnen sich männliche wie weibliche Blüten, die getrennt am selben Baum wachsen. Die unverwechselbaren, anfangs grünen Früchte werden erst zinnoberrot (4), um dann im Spätsommer, wenn sie zu süßen, eßbaren Beeren herangereift sind, einen dunklen Purpurton anzunehmen. Sie ähneln festen, aber saftigen Himbeeren. Die Schwarze Maulbeere stammt ursprünglich aus Mittelasien und ist vor allem in Südeuropa weit verbreitet.

Die **Weiße Maulbeere** *M. alba* ist ein etwas höherer und anmutigerer Baum mit schlanken Ästen und unbehaarten Zweigen und Blättern (6). Ihre gestielten Früchte (7) kommen in allen Schattierungen zwischen weißlich und purpur vor. Sie wurde einst als Futterpflanze für Seidenraupen von China nach Südeuropa eingeführt, doch sieht man sie heute weit seltener als die Schwarze Maulbeere.

1

2

3

4

5

6

7

FEIGE *Ficus caria*

Ihre ziemlich plumpe Erscheinung (6) und die auffallend großen (20 cm langen), gelappten, graugrünen Blätter (3) machen die Feige zu einem unverwechselbaren Baum. Glatte, fahlgraue Rinde umkleidet den Stamm, der sich gewöhnlich bereits kurz über dem Boden verzweigt. Im Winter erkennt man die Feige an den großen, grünen Knospen, die an den Spitzen der klobigen, leicht gekerbten Zweige (2, 5) sitzen, ebenso wie an den fleischigen, grünen Blütenständen (4), in denen an getrennten Bäumen die weiblichen oder männlichen Blüten verborgen sind. Die Bestäubung erfolgt durch die Feigenwespe und es dauert zwei Jahre, bis der Blütenstand von der anfänglich grünen bis zur braunvioletten, 5-8 cm großen, eßbaren Feige (1) herangereift ist. In Südeuropa ist die Feige weitläufig angepflanzt oder naturalisiert; an geschützten Stellen kommt sie gelegentlich auch weiter nördlich vor.

1

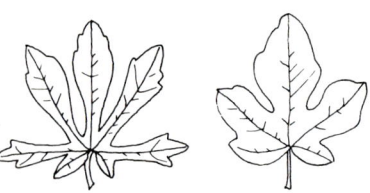

Blattvariationen

2

3

4

5

6

TULPENBAUM   *Liriodendron tulipifera*

Dieser schöne Baum ist ein wichtiger Bestandteil der Wälder des östlichen Nordamerika. Seine Blätter (4) mit ihren vier eckigen Lappen und der gerade abgeschnittenen Spitze sind unverwechselbar. Die graue, rissige Borke (2) bekleidet einen massiven Stamm mit hoher, schmaler Krone (5), und die Zweige (1) tragen lange, rötliche, oft leicht gebogene Knospen. Im Juni erscheinen die großen Blüten (3) mit ihren gewölbten, gelblichgrünen, an der Basis orangefarbenen Blütenblättern, die zahlreiche fleischige, gelbliche Staubgefäße umschließen. Diese wiederum umgeben einen dicken, grünen ›Zapfen‹, der zu einem Büschel geflügelter, brauner Früchte heranreift, die dann einige Monate am Baum bleiben. Der Tulpenbaum wird in ganz Europa als Parkbaum geschätzt.

Die **Magnolie**, deren ovale Blätter (7) gewöhnlich einfach zugespitzt sind, ist eng mit dem Tulpenbaum verwandt. Bei einigen sind die Blüten ebenfalls grünlich, doch die weit häufiger angepflanzten Arten tragen riesige weiße oder rosa Blüten (6) mit einem Durchmesser bis zu 25 cm. Am bekanntesten ist die *Magnolia* x *soulangeana*, aber auch die *M. stellata* mit den schmalen Blütenblättern und die immergrüne *M. grandiflora*, die meist an Wänden hochgezogen wird, sieht man im Mittelmeerraum häufiger.

1

2

3

4

5

6

7

SPANISCHE PLATANE
Platanus x *hispanica*

Die Spanische Platane gehört zu den wenigen
Bäumen, die allein an der graubraunen Rinde
(2) erkannt werden können, da sie abblättert
und dabei große, gelbe Flecken hinterläßt. Oft
sieht man den normalerweise hohen, stattlichen
Baum (6) in gekappter oder zurückgeschnittener
Form. Eine kleine Erhebung an der Basis der
großen rötlichbraunen Knospen (1) rührt von
der alten Blattnarbe her. Erst spät, gegen Ende
Mai, zeigen sich dann die grünen Blätter (4), deren ausgeprägte, zugespitzte Lappen grob gezähnt sind. Gleichzeitig erscheinen wie kleine
Bälle an langen Stielen die purpurroten weiblichen Blüten (3) und reifen zu rauhen Früchten
heran, die winzigen Bällen ähneln. Die Samen
sind jedoch selten überlebensfähig, da die Spanische Platane ein Hybride zwischen der aus Asien
und Südosteuropa stammenden Morgenländi-
schen Platane *P. orientalis* und der amerikanischen *P. occidentalis* ist. Der genaue Ursprung ist
jedoch umstritten. Es hat sich gezeigt, daß dieser
Baum eine nahezu konkurrenzlose Widerstands-
kraft gegen die Probleme des Stadtlebens – wie
Luftverschmutzung, unfruchtbarer Boden usw.
– besitzt, was ihn zu einem der wichtigsten
Stadtbäume macht.

1

2

3

4

5

6

KULTURBIRNE *Pyrus communis*

Im Winter wirkt dieser unregelmäßige, 10-15 m hohe Baum (**6**) durch seine plumpen ›Kurztriebe‹ ausgesprochen struppig. Die gefurchte, schuppige Rinde (**2**) ist dunkel; die gelblichen Zweige (**1**) tragen an langen Stielen glänzende, runde bis ovale Blätter (**4**), die anfangs unterseitig behaart sind, später aber glatt werden. Die Blütezeit der Kulturbirne ist im April (selten auch im späten März), wenn auch die Blätter erscheinen. Somit blüht sie früher als der ihr nur oberflächlich ähnliche Holzapfel (s. S. 152). Auffällig an den großen (bis 4 cm im Durchmesser), flachen, weitgeöffneten Blüten (**3**) sind die purpurroten Staubbeutel. Alle kultivierten Birnenarten stammen von der Kulturbirne ab. Wildwachsende Bäume tragen kleine (kaum 4 cm lange), harte und meist runde Früchte (**5**), während die Früchte kultivierter Arten weiches Fruchtfleisch haben und bis zu 15 cm lang werden können.

Die **Herzbirne** *P. cordata* findet man hauptsächlich wildwachsend als dornigen Busch in Teilen Westeuropas. Ihre Blütenköpfe sind kleiner und geschlossener, die ausgereiften Früchte (**7**) rot und knapp 2 cm lang.

Die **Weidenblättrige Birne** *P. salicifolia* mit ihren hängenden Ästen und den schmalen, grauen Blättern (**8**) wird ebenfalls häufig angepflanzt.

1

2

3

4

5

6

7

8

FLEISCHIGE FRÜCHTE

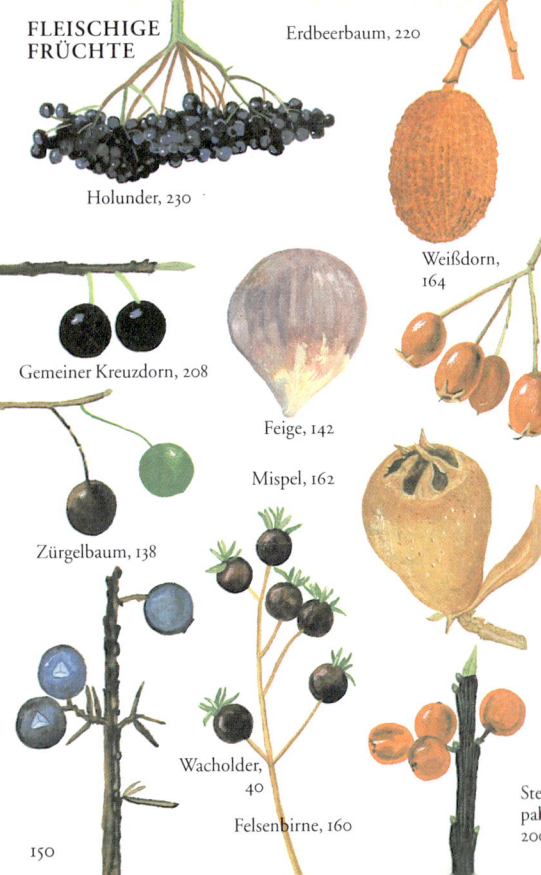

Erdbeerbaum, 220

Holunder, 230

Weißdorn, 164

Gemeiner Kreuzdorn, 208

Feige, 142

Mispel, 162

Zürgelbaum, 138

Wacholder, 40

Felsenbirne, 160

Ste
pa
200

150

Eibe, 30

Vogelbeere, 154

Elsbeere, 156

Orange, 188

Schwarze
Maulbeere,
140

Speierling, 154

Kornel-
kirsche,
216

Purgier-
kreuzdorn,
206

Olive,
224

Dattelpalme, 232

151

HOLZAPFEL *Malus sylvestris*

Der Holzapfel formt einen oft struppigen Baum
(6) und erreicht selten mehr als 10 m Höhe.
Besonders häufig steht er an Waldrändern oder
bildet Hecken. In Eichenwäldern wächst er
manchmal auch als richtiger Waldbaum. Seine
schuppige Rinde (2) ist meist heller als die der
Kulturbirne (s. S. 148). Die runden oder ovalen
Blätter (4) entstehen an den gedrungenen Kurztrieben (1); sie sind zuerst behaart und später
kahl. Im Mai erscheinen nach dem Blattwerk in
kleinen Sträußen die großen (bis 6 cm im Durchmesser), flachen, weiß- oder zartrosafarbenen
Blüten (3). Später sitzen an den unbehaarten Stielen die nur 2 cm großen, sauren, gelben Früchte.
Der Holzapfel ist in Europa weit verbreitet.
Bei den vielen Varietäten des **Kulturapfels** *M.
domestica* ist eine allgemeine Beschreibung
schwierig, doch haben alle Formen eine behaar-
te Blattunterseite (7), und auch die Stengel der
größeren, süßeren und vielfarbigen Früchte (8)
sind behaart.

1

2

3

4

6

5

7

8

EBERESCHE, VOGELBEERE
Sorbus aucuparia

Dieser anmutige, schlanke Baum (**6**) mit den
steil aufragenden Ästen wird selten mehr als 15 m
hoch. Seine graubraune Rinde (**2**) bleibt bis ins
hohe Alter glatt; die jungen Zweige (**1**) sind im
Gegensatz zu den dicht behaarten Knospen nur
wenig behaart. Bei den deutlich gefiederten Blättern (**4**) stehen die einzelnen Blättchen meist in
6-7 Paaren zueinander. Im Mai blühen die hübschen, cremefarbenen, knapp 1 cm großen Blüten (**3**) in aufrechten dichten Sträußen von 10-15
cm Durchmesser. Im August erscheinen dann
die runden, 6-9 mm großen, hellen scharlachro-
ten Früchte (**5**). Die Vogelbeere ist in ganz Europa heimisch, vom Norden bis in die Gebirgsre-
gionen, wo sie höher steigt als jeder andere
laubwerfende Baum. Wahrscheinlich ist sie so
weit verbreitet, weil sie früher in dem Ruf stand,
Hexen zu vertreiben.

Der **Speierling** *S. domestica* ist ein massiverer
Baum mit ausladenden Ästen, der anhand seiner
rauhen, schuppigen Rinde, der großen Blüten
und seiner gelbbraunen, birnenförmigen Früchte (**7**) leicht zu erkennen ist. Er wächst vor allem
im südlichen Europa und ist nur gelegentlich
weiter nördlich anzutreffen.

1

2

3

4

5

6

7

ELSBEERE   *Sorbus torminalis*

Daß dieser Baum auf den ersten Blick oft etwas befremdlich wirkt, liegt wohl an der ungewöhnlichen Kombination von tiefgelappten Blättern, die denen der Platane (s. S. 146) ähneln, mit weißen Blüten oder später kleinen, braunen Früchten. Die Elsbeere formt eine gleichmäßige Krone und wird bis zu 25 m hoch; ihre Rinde (2) ist fleckig und leicht rissig. Die runden Knospen (1) sind von einem auffallend klaren Grün. Die bis zu 10 cm langen, glänzendgrünen Blätter (4) haben 2-5 Paar lang zugespitzte Lappen; grob umrissen ist ihre Form dreieckig. Zwischen Mai und Juni erscheinen die weißen Blüten (3). Sie stehen in lichteren Sträußen und sind größer als die der Vogelbeere. Im September reifen die länglichen, hellbraunen, mit Korkwarzen besetzten Früchte (5). Dieser Baum ist in Europa weit verbreitet. Er steht oft allein, z.B. auf Waldlichtungen, aber man findet ihn auch zusammen mit der Flaumeiche (s. S. 126).

1

2

3

4

5

MEHLBEERE *Sorbus aria*

Freistehende Mehlbeeren können sich zu Bäumen mit gleichmäßiger Krone (**8**) und einer Höhe von etwa 20 m entwickeln, im Wald dagegen wachsen sie eher als Strauch mit steil aufragenden Ästen. Sie haben längliche Knospen (**3**), und ihre graubraune Rinde (**4**) bleibt bis ins hohe Alter glatt. Die ovalen, mattgrünen Blätter (**7**) sind unterseitig weißfilzig behaart; wenn der Wind weht, wirkt der gesamte Baum fahlgrau. Die Blattränder sind nicht gelappt, sondern gezähnt (die große Anzahl nah verwandter Arten wird anhand ihrer Blattmerkmale unterschieden). Zwischen Mai und Juni blühen die kleinen, weißen Blüten (**5**), jede etwa 15 mm breit, in lichten, gewölbten Sträußen; die runden oder länglichen Früchte (**6**) reifen im September. Die Mehlbeere ist in ganz Europa heimisch. Sie wächst fast ausschließlich auf Kalkboden.

Die **Schwedische Mehlbeere** *S. intermedi* stammt aus Skandinavien. Sie hat größere Früchte (**1**), und ihre unterseitig graufilzigen Blätter (**9**) sind nur in der unteren Hälfte gelappt. Wie bei der Mehlbeere gibt es viele verwandte Arten.

Die **Breitblättrige Mehlbeere** *S.* x *latifolia* ist ein Hybride zwischen Mehlbeere und Elsbeere (s. S. 156) mit schwach gelappten Blättern (**10**) und orangebraunen Früchten (**2**). Sie ähnelt einigen der seltenen einheimischen Mehlbeeren.

5

6

7

8

9

10

KAHLE FELSENBIRNE
Amelanchier laevis

Steht die Kahle Felsenbirne in voller Blüte, ist sie von beeindruckender Schönheit, egal ob als 10-12 m hoher Baum mit glattem, dunklem Stamm (2) oder, was häufiger vorkommt, als unregelmäßiger Strauch (5), der sich in einem dichten Gewirr von langen Trieben schon kurz über dem Boden verzweigt. Dornenlose Zweige tragen schmale, spitze Knospen (1), aus denen sich die ovalen, zugespitzten, 5-6 cm langen Blätter (4) mit ihren fein gezähnten Rändern entwickeln. Entfalten sich die Blätter Anfang April, sind sie kupferrot und bilden einen auffallenden Hintergrund für die weißen Blüten (3), die mit ihren bis zu 2 cm langen, schmalen Blütenblättern aufrecht an langen Stielen stehen. Die anfangs roten, 5-6 cm großen, runden Früchte (6) reifen zu einem dunklen Purpur heran. Wahrscheinlich stammt dieser Baum aus Nordamerika. In Europa wird er hauptsächlich als Zier- und Parkbaum angepflanzt. Die strauchige *A. ovalis* wächst in felsigen Gebieten Mitteleuropas; ihre Blätter sind grober gezähnt. Ebenfalls aus Nordamerika stammt die oft in Gärten angebaute *A. grandiflora* mit größeren, kurzstieligeren Früchten.

1

2

3

4

5

6

DEUTSCHE MISPEL *Mespilus germanica*

Die Mispel ist entweder ein etwas merkwürdig aussehender, dorniger Strauch oder ein kleiner, 5-6 m hoher Baum, dessen graubraune Rinde (1) abschuppt und dabei den helleren Untergrund freilegt. Ihre schmalen, 10-15 cm langen Blätter (3) sind runzlig und lederig, an der Oberseite von mattolivgrüner Farbe, unterseitig behaart und kurzstielig. Im Mai erscheinen die einzeln stehenden, großen, 4-6 cm breiten weißen Blüten (2), deren schmale, lang zugespitzte Kelchblätter zwischen den kürzeren Blütenblättern hervorragen. Die abgeflachte Spitze der festen, runden, grünlichbraunen Frucht (4) wird von den Kelchblättern gekrönt. Die Mispel stammt aus dem südöstlichen Europa und wird seit dem Mittelalter in Westeuropa angepflanzt.

1

Wintersilhouette

2

3

4

EINGRIFFELIGER WEISSDORN
Crataegus monogyna

Überall im europäischen Tiefland ist der Weißdorn ein vertrauter Anblick, gleichgültig ob als dichter, dorniger Strauch oder als kleiner, höchstens 12 m hoher Baum (9) mit hellbrauner, abschuppender Rinde (5). Seine Blätter (7) sind drei- bis siebenlappig, die Lappen mindestens bis zur halben Blattbreite eingeschnitten. Zwischen Ende Mai und Anfang Juni erscheinen in üppigen Sträußen die 10-15 mm breiten, weißen Blüten, wobei jede Blüte nur einen Griffel und einen Fruchtknoten trägt (deshalb *monogyna,* eingriffelig). Häufig wird auch eine Form mit gefüllten, rosafarbenen Blüten angepflanzt. Im September reifen die tiefroten, manchmal purpurnen Früchte (8), die, wenn sie nicht von Vögeln gefressen werden, am Baum bleiben. Der Eingriffelige Weißdorn gehört zu den beliebtesten Hekkenbäumen und gedeiht nur schlecht auf sehr saurem Boden.

Der **Zweigriffelige Weißdorn** *C. laevigata* ist eher ein Waldbaum. Seine Blätter (11) sind weniger tief eingeschnitten, und die Blüten (10) tragen jeweils zwei Griffel (2) und Fruchtknoten (4). Er ist vor allem in Süd- und Mitteleuropa weit verbreitet. Seine Früchte sind unter (12) abgebildet.

1

2

3

4

5.

6

7

10

11

8

12

9

13

Nicht maßstabgetreu

Mandel, 168

Pfirsich, 170

Aprikose, 170

Schlehe, 172

Kirschpflaume, 174

Damaszener-
pflaume, 174

Reineclaude, 174

Kulturpflaume, 174

Vogelkirsche, 176

Kirschlorbeer, 180

Trauben-
kirsche, 178

Steinweichsel, 174

MANDEL *Prunus dulcis*

Wie viele andere Obstbäume wurde auch die Mandel schon vor sehr langer Zeit kultiviert, aber im Gegensatz zu ihren Verwandten wird sie wegen ihrer Nüsse und nicht wegen der fleischigen Früchte gezogen. Sie wächst als kleiner Baum (6) von 5-10 m Höhe mit sehr dunkler Rinde (3) und schmalen, 7-10 cm langen, lanzettlichen Blättern (5) mit feingezähntem Rand; Wildpflanzen haben dornige Zweige. Im März gehört die Mandel zu den ersten blühenden Bäumen. Ihre kräftig rosa, 3-5 cm breiten Blüten (4) stehen sehr auffällig an den noch blattlosen Zweigen. Die begehrte Nuß sitzt in einer abgeflachten grünen Frucht (7) und bleibt manchmal während des ganzen Winters am Baum. Die Mandel stammt wahrscheinlich aus dem westlichen Asien und ist im nördlichen Europa als Zierbaum weit verbreitet; im südlichen Europa wird sie wegen ihrer Mandeln angebaut. Unter (2) ist ein Zweig im Winter abgebildet.

1

2

3

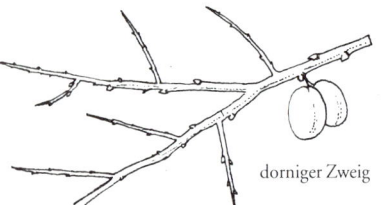

dorniger Zweig

4

5

6

7

APRIKOSE *Prunus armeniaca*

Im südlichen Europa wird dieser kleine Baum oft in Obstplantagen angebaut, während er weiter nördlich meist nur an einer Südwand gezogen werden kann. Seine langstieligen, ovalen Blätter (4) sind an den Rändern sehr fein gezähnt. Die hübschen rosa Blüten (3) erscheinen zwischen März und April, noch vor den Blättern. Sie bilden kleine Sträuße an den Spitzen der Zweige. Im Mittelmeerraum sind die runden Früchte (5) schon im Juni reif. Sie sind fleischig und deutlich gekerbt mit einer samtig behaarten Schale. Die Aprikose stammt wahrscheinlich aus Asien. Ein Winterzweig ist unter (1) abgebildet.

Kultiviert wächst der **Pfirsich** *P. persica* noch weiter nördlich als die Aprikose; an geschützten Plätzen sogar nördlich von Schottland. Seine langen, schmalen Blätter (6) ähneln denen der Mandel (s. S. 168), haben ihre breiteste Stelle aber oberhalb der Mitte. An dünnen, biegsamen Zweigen (2) erscheinen die tiefrosa Blüten (7), kurz nachdem sich die Blätter entfaltet haben. Seine Früchte (8) sind größer als Aprikosen und kräftiger in der Farbe. Wahrscheinlich stammt der Pfirsich aus China. Ein Winterzweig ist unter (2) abgebildet.

Weitere *Prunus*-Arten wie die Nektarine, die einem Pfirsich ähnelt, aber kleiner und glatter ist, werden wegen ihrer Früchte gezogen, und andere, wie z.B. eine große Anzahl japanischer Kirschen, pflanzt man als Zierbäume.

SCHLEHE, SCHWARZDORN
Prunus spinosa

Unter den europäischen *Prunus*-Arten ist die Schlehe mit Abstand die am weitesten verbreitete und am häufigsten vorkommende Pflanze. Meistens wächst sie als Strauch von etwa 4 m Höhe in Weißdornhecken oder bildet als reine Schlehenhecke ein undurchdringliches Dickicht (5). Zwischen Ende März und Anfang April ist der ganze Strauch mit kleinen, weißen Blüten übersät, die einen starken Kontrast zu den dornigen, schwarzen Zweigen (1) bilden und noch vor den schmalen, 2-4 cm großen und fein gezähnten Blättern (3) erscheinen. Die Blüten (2) stehen einzeln an Kurztrieben; sie werden 12-15 mm breit und haben auffällig rote Staubbeutel. Von Ende August bis zum Oktober findet man die Früchte (4) an den Zweigen: feste, runde, blauschwarze Schlehen von 1 cm Durchmesser, purpurn bereift und mit sehr saurem Fruchtfleisch. Die Schlehe ist eine einheimische Pflanze, die in Hecken, an Waldrändern und manchmal auch in lichten Wäldern gedeiht. Einen feuchten, sauren Boden verträgt sie nicht.

2

3

4

5

KIRSCHPFLAUME   *Prunus cerasifera*

Dieser Strauch oder knapp 10 m hohe Baum (6) treibt bereits im März, einige Wochen vor der Schlehe, Laub (2) und Blüten aus. Damit ist er der erste weißblühende Baum im Jahr. Er hat eine grobe Rinde (1), seine ovalen, zugespitzten Blätter (2) werden etwa 7 cm lang und sitzen an glänzenden, grünen, manchmal dornigen Zweigen. Die Blüten (3) ähneln denen der Schlehe, sie stehen aber weniger dicht und sind mit 2 cm Durchmesser etwas größer. Später trägt er kirschähnliche Früchte (5) von rötlichgelber Farbe. Die ursprünglich aus Südosteuropa stammende Kirschpflaume ist heute vor allem als Gartenbaum weit verbreitet, oft wird auch eine rotblättrige Form (var. *atropurpurea*) gepflanzt.

Bei der **Kulturpflaume** *P. domestica* handelt es sich wahrscheinlich um einen Hybriden aus Schlehe und Kirschpflaume. Ihre Zweige sind graubraun, und sie blüht erst zwischen April und Mai. Eine häufig vorkommende Art, ssp. *institia*, mit flaumigen Zweigen und kleinen, schwarzvioletten Früchten, ist wahrscheinlich die Stammart der kultivierten Damaszenerpflaume. Die Gartenpflaume ssp. *domestica* trägt grünlichweiße Blüten und größere Früchte unterschiedlicher Färbung: grün (Reineclaude), violett (Zar), rotorange (Victoria) usw.

1

SÜSSKIRSCHE, VOGELKIRSCHE
Prunus avium

Mit einer Höhe von mindestens 20 m und der schönen, kegelförmigen Krone (7) ist die Vogelkirsche unter all ihren Verwandten der eindrucksvollste Baum. Eine glänzendgrauviolette, sich ringförmig ablösende Rinde (2) bedeckt den gleichmäßig zylindrischen Stamm, und große, zugespitzte Knospen heben sich auffällig rotbraun gegen die grauen Zweige (1) ab. Im April entfaltet sich bronzefarbenes (6) Laub, das aber bald grün wird. Die Blätter (5) wirken etwas schlaff und sind an der Blattbasis mit zwei kleinen Drüsen versehen. Kurz vor dem Laubaustrieb erscheinen in kleinen Sträußen die großen, langstieligen, tassenförmigen Blüten (3); häufig werden auch Formen mit gefüllten Blüten gezogen. Die Frucht (4) ist eine Kirsche, die von gelb über hellrot zu einem dunklen Purpurrot heranreift und bevorzugt von Vögeln verspeist wird. Die Vogelkirsche findet man in ganz Europa z.B. an Waldrändern, auf Lichtungen oder auch in Buchenwäldern.

Bei der **Sauerkirsche** *P. cerasus* handelt es sich um eine strauchige Pflanze mit kleineren, dunkleren, kurzgestielten Blättern (8) und runden Blütenblättern. Varietäten von ihr liefern die meisten eßbaren Kirscharten (9). Sie ist weit verbreitet aber nur selten heimisch.

1

2

GEWÖHNLICHE TRAUBENKIRSCHE
Prunus padus

Die Gewöhnliche Traubenkirsche formt entweder einen großen, bis 10 m hohen Strauch oder einen kleinen, etwa 15 m hohen Baum (6) mit dichter Krone. Ihre glatte, dunkle, wohlriechende Rinde (2) weist hervorstehende, orange Flecken auf, die Zweige (1) sind braun. Die dunkelgrünen, ledrigen Blätter (4) sitzen an auffällig rötlichen Zweigen und sind kleiner als die der Vogelkirsche. Im Mai erscheinen etwa 10-35 Blüten (3) in langen, hängenden Trauben; jede ist 10-15 mm breit mit etwas unregelmäßigen Blütenblättern. Aus ihnen entstehen später die glänzendschwarzen Kirschen (5) mit einem Durchmesser von 6-8 mm. Dieser Baum ist in ganz Europa weit verbreitet. Häufig findet man ihn an Flußläufen oder Bächen und in lichten Gebirgswäldern.

Die **Steinweichsel** *P. mahaleb* formt meist einen Strauch mit kleinen, runden Blättern, kurzen Trauben von 3-7 Blüten (7) und etwas größeren Früchten (8). Sie wächst vor allem in Mitteleuropa an warmen, trockenen Standorten.

Die **Späte Traubenkirsche** *P. serotina* ist ein oft gepflanzter nordamerikanischer Baum mit dichten Trauben von kleineren Blüten und schwarzvioletten Früchten.

1

2

3

4

5

6

7

8

KIRSCHLORBEER   *Prunus laurocerasus*

Dieser weitläufig angepflanzte und häufig einge-
bürgerte immergrüne Strauch oder kleine Baum
(5) wird wegen der Ähnlichkeit der Blätter oft
mit einem Rhododendron (s. S. 218) verwechselt. Seine dunkelgraue Rinde (1) weist kleine,
orange Risse auf, und die langen (bis 20 cm),
starren, glänzenden Blätter (3) sitzen an sehr
kurzen, knapp 1 cm langen Stielen. Zwischen
April und Mai erscheinen in aufrechten, 8-12 cm
langen Trauben die 8-10 mm breiten Blüten (2).
Die länglichen, 10-15 mm großen, glänzend-
schwarzvioletten Kirschen (4) sind im September reif. Die Blätter des Kirschlorbeers enthalten
das giftige Zyanid.
Im westlichen Europa wird noch eine zweite immergrüne Kirsche angepflanzt, die **Portugiesi-
sche Lorbeerkirsche** *P. lusitanica*, die in Spanien
und Portugal heimisch ist. Sie ist größer als der
Kirschlorbeer, und ihre dunkelgrünen Blätter
sitzen an rötlichen, bis zu 2,5 cm langen Stielen.
Ihre kleineren Blüten (6) und Früchte (7) gelan-
gen nur selten zur Reife.

1

2

3

4

6

5

7

GEMEINER GOLDREGEN
Laburnum anagyroides

Wenn dieser Strauch oder kleine Baum (**6**) zwischen Ende Mai und Anfang Juni in Blüte steht, prägt er das Bild vieler Städte. Seine grünlichbraune Rinde (**2**) ist glatt, und an den behaarten, grünen Zweigen (**1**) sitzen Blätter (**4**), die sich aus drei unterseitig leicht behaarten Blättchen zusammensetzen. Die auffälligen Blüten (**3**) werden etwa 2 cm lang und haben eine charakteristische Glockenform. Sie wachsen in langen, hängenden Blütentrauben, die den Baum manchmal fast vollständig verdecken. Später entwickeln sich trockene, braune Hülsen (**5**), die aufspringen und dabei ihre Samen herausschleudern. Alle Teile des Baumes, besonders aber die Samen, sind außerordentlich giftig. Der Gemeine Goldregen ist in den Gebirgen und lichten Wäldern Süd- und Mitteleuropas heimisch und wird häufig als Zierstrauch angepflanzt.

Der **Alpengoldregen** *L. alpinum* trägt längere Blütentrauben mit kleineren Blüten (**8**), die sich erst einige Wochen später öffnen. Die Blätter (**7**) sind größer und genau wie die Zweige unbehaart. Der Hybride aus beiden Formen, mit längeren Blütentrauben, größeren Blüten und samenlosen Hülsen, wird häufig angepflanzt.

Aus dem Mittelmeerraum stammt der **Judasbaum** *Cercis siliquastrum* mit herzförmigen Blättern (**9**) und rosa Blüten.

1

2

3

4

5

6

7

8

9

GEMEINE ROBINIE
Robinia pseudoacacia

Die Robinie oder Scheinakazie gehörte zu den ersten nordamerikanischen Bäumen, die in Europa eingeführt wurden. Heute ist dieser massive, bis zu 25 m hohe Baum (7) mit der tief gefurchten und abschuppenden Rinde (3) bei uns weit verbreitet. An den rötlichen Zweigen (2) sitzen gefiederte Blätter (6) mit 3-10 Paar Fiederblättchen und jeweils zwei Dornen an der Blattbasis. Im Juni erscheinen in langen (bis 20 cm) hängenden Trauben die weißen Blüten (5), aus denen sich flache, 5-10 cm lange Hülsen (1) entwickeln.

Der dornenlose **Schnur**- oder **Pagodenbaum** *Sophora japonica* mit seinen schmaleren Fiederblättchen (8) und der breitgefurchten Rinde ähnelt der Gemeinen Robinie. Die cremeweißen Blüten dieses chinesischen, nur gelegentlich angepflanzten Baumes erscheinen in aufrechten Trauben sehr viel später im Jahr.

Die **Gleditschie** *Gleditsia triacanthus* ist ein weiterer nordamerikanischer Baum mit grüngelben Blättern (9) und einem Stamm (4), der mit kleinen Büscheln langer, einfacher oder verzweigter Dornen besetzt ist. Männliche und weibliche Blüten wachsen an getrennten Trauben und bilden lange, hängende, gedrehte braune Hülsen aus, die den Winter über am Baum bleiben.

Im Gegensatz zur Akazie tragen alle diese Bäume einfach gefiedertes Laub.

5

6

7

8

9

10

SILBERAKAZIE   *Acacia dealbata*

Akazien sind keine winterharten Bäume und deshalb nur selten außerhalb des Mittelmeerraumes anzutreffen. Am bekanntesten ist die sehr empfindliche Mimose, ein kleiner Baum (4) mit glatter, brauner Rinde und doppelt gefiederten Blättern (1). Diese Blätter setzen sich aus etwa 10 Paaren Blättchen mit jeweils etwa 25 paarweise angeordneten, 3-5 mm langen Fiederblättchen zusammen und verleihen dem Baum sein ungewöhnlich zartes Aussehen. Sehr früh im Jahr erscheinen an langen Trauben die kugelrunden, blaßgelben, 5-6 mm breiten Blüten (2), aus denen sich später bis zu 10 cm lange, flache braune Hülsen entwickeln.

Die bis zu 40 m hohe **Ebenholzakazie** *A. melanoxylon* trägt in ihrer Jugend ähnlich doppelt gefiederte Blätter, die aber der ausgereifte Baum durch einfache, längliche Blätter (5) ersetzt. Er wird in Südwesteuropa angepflanzt und hat größere, weiße Blütenköpfe.

Im südlichen Europa werden noch viele andere Akazienarten angepflanzt oder sind teilweise auch heimisch.

ZITRUSFRÜCHTE

Etwa ein halbes Dutzend nah verwandter Zitrusarten werden in Europa gezogen. Dazu gehören neben den bekannten Zitronen, Orangen und Grapefruits auch die großfruchtige Zitrone *Citrus medica*, die Tangerine *C. deliciosa* und die Pampelmuse *C. grandis*, die einer beinah dornenlosen Grapefruit *C. paradisi* ähnelt.

Die **Orange** *Citrus sinensis* ist die am häufigsten angepflanzte Spezies. Sie wird im Mittelmeerraum in weitläufigen Orangenhainen gezogen. Dieser kleine, immergrüne Baum (4) hat nur schwach ausgebildete Dornen, und seine zugespitzten, dunklen, ledrigen Blätter (2) sitzen an geflügelten Stielen. Im April erscheinen in kurzen Trauben die weißen, stark duftenden Blüten (1). Die bekannten Früchte (3) haben meistens keine Kerne.

Die **Pomeranze** *C. aurantium* eignet sich mit ihrem herben Saft am besten für die Herstellung von Marmelade. Die Früchte (5) sind von einer dicken Schale umgeben und haben breit geflügelte Blattstiele.

Bei der **Zitrone** *C. limon* (6) sind die Blattstiele kaum geflügelt, sie hat jedoch kräftige Dornen. Einige ihrer Blüten sind rein männlich und genau wie die sehr ähnliche **Süße Limette** *C. limetta* besitzen sie eine wesentlich größere Anzahl von Staubgefäßen als die übrigen Zitrusarten.

GÖTTERBAUM   *Ailanthus altissima*

Dieser große, anmutige Baum (4) erreicht meist eine Höhe von 20 m, gelegentlich wird er auch größer. Sein langer, unverzweigter Stamm ist mit glatter, grauer Rinde bedeckt, und die dicken, orangen Zweige (1) weisen hervorstehende Blattnarben auf, die denen der Kastanie ähneln (s. S. 198). Bis zum Juni bleibt der Götterbaum kahl. Erst dann entfaltet er seine großen, gefiederten Blätter (3) mit 6-12 Paar Fiederblättchen, die an der Basis jeweils 2 deutliche Zähne und eine glänzende, runzelige Oberseite haben. Das gesamte Blatt wird bis zu 60 cm, die einzelnen Fiederblättchen bis zu 12 cm lang. Ein Baum trägt normalerweise gleichzeitig männliche, weibliche und zwitterige Blüten, doch gibt es auch Bäume, die ausschließlich nur männliche, weibliche oder zwitterige Blüten tragen. An den Enden der Triebe erscheinen im Juli lange, verzweigte Rispen mit grünweißen, 7-8 mm breiten Blüten (2). Wie die Blätter ähneln auch die Früchte denen der Esche (s. S. 222), doch verändern die Flügel mit dem in der Mitte sitzenden Samen im September ihre Farbe und nehmen einen hellen, braunroten Ton an. Der ursprünglich aus China stammende Götterbaum ist heute weit verbreitet, teilweise auch bei uns heimisch und wird besonders in Städten angepflanzt, wo er trotz Luftverschmutzung gut gedeiht.

1

2

3

4

5

SPITZAHORN   *Acer platanoides*

Der Spitzahorn ist ein weitverbreiteter, eher un-
auffälliger Baum, obwohl er im Frühling, wenn an
seinen kahlen Zweigen die goldgelben Blüten
leuchten, für einige Wochen Aufmerksamkeit er-
regt. Er wird bis zu 30 m hoch (5), und sein kurzer,
unverzweigter Stamm wird von einer glatten oder
fein gefurchten Rinde (2) umkleidet. Zweige (1)
sowie Blätter (4) sind unbehaart. An den hellgrünen, fünflappigen und grob gezähnten Blättern
laufen Lappen und Zähne in langen Spitzen aus
und geben ihnen ein feines, etwas stacheliges Aussehen. Die kleinen Blüten (8 mm im Durchmesser) (3) wachsen in aufrechten Rispen, die sowohl
männliche als auch weibliche Blüten enthalten,
und erscheinen vor denen des verwandten Bergahorn (s. S. 196). Die typischen geflügelten Früchte des Ahorns sind olivgrün und stehen in Paaren
zueinander. Ursprünglich aus Skandinavien und
den europäischen Gebirgen, ist der Ahorn heute
weit verbreitet und wird oft auch mit dunklem
oder vielfarbigem Laub angepflanzt.

1

2

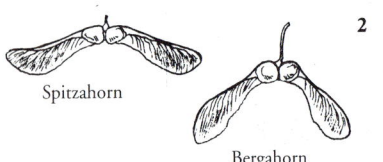

Spitzahorn

Bergahorn

3

4

5

6

FELDAHORN *Acer campestre*

Dieser kleine, gedrungene Baum (**6**), der gewöhnlich 10-15 m, nur selten bis zu 25 m hoch wird, ist häufig auch als Strauch zu finden. Zwischen den Furchen der graubraunen, abschuppenden Rinde (**2**) erkennt man den orangebraunen Stamm. Die jungen Zweige (**1**) sind fein behaart, die kleinen (4-8 cm), sattgrünen Blätter (**4**) haben 3-5 abgerundete Lappen und sind unterseitig weich behaart. Im Herbst nehmen sie einen leuchtendgoldroten Ton an. Im Mai, nach dem Laubaustrieb, erscheinen männliche und weibliche Blüten (**3**) auf getrennten Bäumen und in spärlichen, aufrechten Rispen. Die geflügelten Früchte (**5**) stehen in Paaren, wobei sie einen Winkel von nahezu 180° bilden. Der Feldahorn ist in ganz Europa verbreitet, jedoch nur selten im Mittelmeerraum anzutreffen. Obwohl er eigentlich ein Baum des Flachlands ist, wächst er durchaus auch in hügeligen Gebieten.

Der **Französische Ahorn** *A. monspessulanum* ist meist kleiner, und die rötlichen Flügel der Fruchtpaare stehen parallel zueinander (**8**). Er gleicht einem Feldahorn, hat aber dunklere, lederige und dreilappige Blätter (**7**). Seine Verbreitung reicht vom Mittelmeerraum nordwärts bis ins westliche Deutschland.

1

2

3

4

5

6

7

8

BERGAHORN *Acer pseudoplatanus*

Dieser Baum (7) mit seiner prächtigen, gewölbten Krone kann bis zu 35 m groß werden. Die anfangs glatte, graue Rinde (3) wird bald rissig und blättert ab. An kräftigen Zweigen (2) sitzen dicke, grüne Knospen, aus denen sich große, dunkelgrüne Blätter (6) mit jeweils fünf spitz zulaufenden und gezähnten Lappen entwickeln. Wächst der Bergahorn nicht in der Stadt, so sind seine Blätter fast immer von dem Pilz *Rhytisma acerinum* befallen, häufig auch von der Karmesinroten Galle. Im April erscheinen zur gleichen Zeit wie die Blätter die Blüten (4) in langen hängenden Trauben, wobei eine Traube bis zu 100 Blüten tragen kann. Die geflügelten Fruchtpaare stehen in einem Winkel von 90°; sie fallen herab, keimen im folgenden Frühjahr in großer Zahl und wachsen zu den vertrauten Sämlingen (1) heran. Bei dem Bergahorn handelt es sich um einen wichtigen europäischen Waldbaum, der ursprünglich aus den Gebirgen Mitteleuropas stammt und aus ökologischer Sicht mit der Esche (s. S. 222) vergleichbar ist.

Der **Schneeballahorn** *A. opalus* ist ein kleinerer, mediterraner Baum, dessen geflügelte Früchte (9) einen Winkel von 30° oder weniger bilden. Er trägt größere Blüten und kleinere Blätter (8) mit schwächer ausgeprägten Lappen als der Bergahorn.

1

2

3

4

5

6

7

8

9

GEMEINE ROSSKASTANIE
Aesculus hippocastanum

Die ursprünglich aus dem Balkan stammende Roßkastanie wird bei uns seit langem als Park- und Stadtbaum angepflanzt und erreicht eine Höhe von 25-30 m. Ihre breite, hochgewölbte Krone (6) sitzt auf einem massiven Stamm, dessen Rinde (3) in langen Platten aufreißt. Aus den bis 3,5 cm großen, dunkelbraunen und klebrigen Knospen (2) entstehen die unverwechselbaren Blätter mit den ovalen, bis 25 cm langen Fiederblättchen (5). Manche Bäume stehen bereits im März im Laub und im April in Blüte, doch meistens erscheinen die weißen Blüten (7) erst im Mai. Sie stehen in großen, aufrechten Kerzen (1), mit jeweils fünf ungleichen Blütenblättern und einem roten Fleck in der Mitte. Ende September fallen die reifen Früchte (4) herab, wobei ihre stachelige, grüne Schale aufplatzt und ihre 1-3 glänzendbraunen Nüsse enthüllt. Der Name ›Kastanie‹ rührt von ihrer Ähnlichkeit zur Eßkastanie her (s. S. 114), die Roßkastanie ist jedoch für den Menschen ungenießbar. Allerdings hat sie unzählige von Kindern geschätzte Qualitäten. Sie ist weit verbreitet und oft heimisch.

Die kleinere und meist unfruchtbare **Rote Roßkastanie** *A.* x *carnea* mit den rosa Blüten (8) wird ebenfalls häufig angepflanzt.

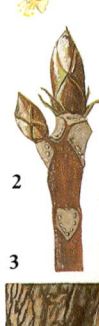

4

5

6

7

8

STECHPALME *Ilex aquifolium*

Die Stechpalme ist ein Baum, der nicht so leicht
mit anderen verwechselt werden kann. Die ge-
wellten Ränder seiner harten, glänzenddunkelgrünen Blätter (2) sind normalerweise mit schar-
fen, spitzen Zähnen besetzt, doch können die
oberen Blätter, seltener auch das ganze Laub,
dornenlos und glattrandig (4) sein. Wächst die
immergrüne Stechpalme als Strauch, so sind ihre
Äste bis zum Boden belaubt (da grasende Tiere
sie verständlicherweise meiden). Als Baum (5)
hat sie eine glatte, graue Rinde (1) und über-
schreitet nur selten eine Höhe von 10 m. Zwischen Mai und Juni erscheinen die weißen, 7-8
mm breiten, duftenden Blüten (3); wobei männliche und weibliche an getrennten Bäumen sitzen. Bis September reifen die im Juli noch grünen Früchte zu roten Beeren (6) heran. In
milden Wintern kann es vorkommen, daß sie
nicht von Drosseln oder anderen Vögeln gefressen werden, so daß die Beeren bis zum März an
den Zweigen bleiben. Die Stechpalme stammt
aus dem westlichen und südlichen Europa und
ist dort weit verbreitet. Meistens bildet sie das
Unterholz in Eichen- und besonders in Rotbu-
chenwäldern. Sie wird aber auch außerhalb ihrer
Heimat häufig in Parks und Gärten angepflanzt.
In Deutschland stehen Wildpflanzen wie diese
unter Naturschutz.

1

2

3 ♀

4

3 ♂

5

6

EUROPÄISCHES PFAFFENHÜTCHEN, SPINDELBAUM

Euonymus europaeus

Das Pfaffenhütchen findet man nur selten als kleinen, bis 6 m hohen Baum, meistens wächst es, oft zusammen mit dem Liguster, als Strauch. Dabei bildet es häufig mehrere Stämme aus, die mit graugrüner Rinde umkleidet sind. An den vierkantigen, glatten Zweigen (1) stehen sich schmale, zugespitzte, hellgrüne Blätter (2) in Paaren gegenüber. Im Mai erscheinen an Rispen immer 3-8 der kleinen, grünlichweißen Blüten (3) mit jeweils vier schmalen, weit geöffneten Blütenblättern. Zwischen Ende September und Oktober werden dann die Früchte (4) reif: Seltsame karminrote Kapseln mit jeweils vier Samen, die von einem fleischigen, orangefarbenen Samenmantel (Arillus) umgeben sind. Dieser Baum, der kalkreichen Boden bevorzugt, ist beinahe überall in Europa weit verbreitet. Der Name ›Pfaffenhütchen‹ rührt von der Ähnlichkeit seiner Früchte mit einem Kardinalshut her, während ›Spindelbaum‹ auf die Zeit zurückgeht, als sein Holz zur Herstellung von Spindeln verwendet wurde.

Der aus Mitteleuropa stammende **Breitblättrige Spindelbaum** *E. latifolius* hat längere und wesentlich breitere Blätter (6), 4-12 Blüten mit jeweils fünf Blütenblättern pro Rispe und größere, bis zu 2 cm breite Fruchtkapseln (5).

2 3 4 5 6

BUCHSBAUM *Buxus sempervirens*

Der Buchsbaum ist den meisten als Gartenhecke (5) bekannt, bei der die Zwergform oft bis kurz über dem Boden zurückgeschnitten ist. Freiwachsend kann er sich aber zu einem respektablen kleinen Baum (4) von 6-10 m Höhe entwickeln und einen oder mehrere leicht verdrehte Stämme ausbilden, die mit brauner, rissiger Rinde bedeckt sind. An vierkantigen Zweigen stehen sich die glänzenddunkelgrünen Blätter (1) in Paaren gegenüber, deren Ränder häufig nach unten eingerollt sind. Im April erscheinen, vom Laub fast völlig verborgen, die gelblichen Blüten (2). Männliche und weibliche wachsen zusammen in einem Büschel und haben keine Blütenblätter. Die Frucht ist eine kleine, trockene Kapsel (3) mit drei kurzen Hörnern. Der Buchsbaum stammt aus dem südwestlichen Europa und ist dort weit verbreitet. Besonders gut gedeiht er auf kalkreichen Böden, wie man sie z.B bei der Ortschaft Box Hill (daher Buchsbaum) in Surrey im südlichen England findet.

Box Hill

PURGIERKREUZDORN
Rhamnus catharicus

Der Purgierkreuzdorn wächst entweder als großer, etwa 5 m hoher Strauch oder, allerdings seltener, als kleiner, höchstens 10 m großer Baum. Doch selbst dann bildet er einen reich verzweigten Stamm aus, dessen Rinde (**1**) unter der dunklen, abschuppenden Oberfläche von orangegebrauner Farbe ist. Seine Zweige stehen in gegenüberliegenden Paaren im rechten Winkel vom Stamm (**2**) ab und entwickeln sich gelegentlich zu Kurztrieben oder ziemlich stumpfen Dornen. Die Knospen, aus denen die langstieligen, ovalen Blätter (**3**) mit 2-4 Paaren ausgeprägter Seitennerven hervorgehen, sind von dunklen Schuppen umgeben. Anders als beim auf dem ersten Blick ähnlichen Faulbaum (s. S. 208) verfärbt sich das Laub im Herbst bräunlichgelb. Im Mai erscheinen die nur 4-5 mm breiten Blüten, männliche (**5**) und weibliche (**6**) getrennt, in unauffälligen Büscheln etwas von den Zweigspitzen entfernt. Jede Blüte hat vier gelblichgrüne Blütenblättern. Ende September und im Oktober reifen die glänzend schwarzen Beeren, die giftig sind und eine stark abführende Wirkung haben (daher *catharticus*). Der Purgierkreuzdorn ist in Europa von den Alpen bis Südskandinavien verbreitet. Er bevorzugt trockene, kalkreiche Böden, gedeiht aber ebenso auf feuchtem Untergrund.

1

FAULBAUM, PULVERHOLZ
Frangula alnus

Der Faulbaum kann zuweilen mit dem Purgier-kreuzdorn (s. S. 206) verwechselt werden, obwohl dieser kleine, strauchige Baum (5) selten höher als 4 oder 5 m wird und eine glatte, leicht rissige Rinde (1) hat. Außerdem stehen sich seine dornenlosen Zweige nicht genau gegenüber, sondern bilden einen spitzeren Winkel zum Stamm, und die Blattknospen (2) sind nicht von Schuppen umgeben. Im Herbst verfärben sich die gelblichgrünen Blätter (3) mit den 7-8 Paaren Seitennerven hellgelb. Die winzigen, grünlichweißen Blüten (4) sind mit 3-4 mm Breite kleiner als die des Purgierkreuzdorns und erscheinen in kleinen Büscheln an den Zweigspitzen. Etwas später als beim Purgierkreuzdorn reifen die erst grünen, später kirschroten Früchte zu glänzend schwarzen Beeren (6) heran. Der Faulbaum ist in Europa mit Ausnahme des hohen Nordens und Teilen des Mittelmeerraums weit verbreitet. Er bevorzugt feuchte Böden, verträgt aber auch nassen, trockenen oder sauren Untergrund.

1

2

3

4

5

6

WINTERLINDE   *Tilia cordata*

Dieser stattliche Baum von 25-30 m Höhe trägt eine dichte, aber ungleichmäßig gewölbte Krone (5). Seine rissige, graue Rinde (2), die manchmal tiefe Furchen aufweist, wird stellenweise von kleinen Buckeln unterbrochen. Die anfangs flaumigen Zweige (1) verlieren ihre Härchen bald. Die herzförmigen Blätter (4) werden selten länger als 7 cm; sie sind schmal zugespitzt, glänzenddunkelgrün und an der graugrünen Unterseite mit orangebraunen Haarbüscheln besetzt. Die charakteristischen, unverwechselbaren Blütenstände stehen meist aufrecht und gehen aus einem langen Tragblatt hervor. Jede Dolde trägt 4-12 gelblichweiße Blüten mit jeweils fünf Blütenblättern (3). Später segeln die glatten, runden Früchte (6) an den Tragblättern zu Boden. Mit einer Blütezeit im Juli gehört die Linde zu den letzten blühenden Bäumen des Jahres. Die Winterlinde ist nahezu in ganz Europa weit verbreitet. Sie wird häufig angepflanzt und ist in Mitteleuropa ein wichtiger Waldbaum.

1

2

3

4

5

6

HOLLÄNDISCHE LINDE
Tilia x *vulgaris*

Dieser schöne, große Baum (3), der eine Höhe zwischen 25 und manchmal sogar mehr als 40 m erreicht, ist ein Hybride aus der Sommerlinde (s. u.) und der Winterlinde (s. S. 210). Am Fuß des oft bis in Bodennähe belaubten Stammes wachsen viele Schößlinge. Die rissige Rinde (2) weist lange Furchen und kleine Buckel auf. Die unterseitig mit weißlichen Haarbüscheln besetzten Blätter sind mit 6-10 cm Länge größer als die der Winterlinde und sitzen an unbehaarten Zweigen (1). Im Juli erscheinen die hängenden Blütenstände (4) mit jeweils 5-10 Blüten, aus denen sich dann die leicht gerippten Früchte (6) entwickeln. Dieser Hybride vermehrt sich hauptsächlich durch Wurzelschößlinge und ist als natürlicher Bastard, wenn auch spärlich, in ganz Europa verbreitet. Er wird sehr oft als Park- und Stadtbaum angepflanzt.

Der Stamm der **Sommerlinde** *T. platyphyllos* ist meistens glatt, ohne Buckel, und ihre Blätter (7) sind an der Unterseite, manchmal auch überall, flaumig behaart. Ihre Blütenstände mit den 2-6 Blüten öffnen sich früher als die der anderen Linden, meist schon Ende Juni. Die Früchte (8) sind deutlich gerippt. Die Sommerlinde ist in Mittel- und Osteuropa ein wichtiger Waldbaum und wird ebenfalls oft als Park- und Stadtbaum angepflanzt.

1

2

3
4
5
6
7
8

KUGELEUKALYPTUS, BLAUGUMMIBAUM *Eucalyptus globulus*

1

Gummibäume sind große und sehr schnell-wüchsige, südasiatische Bäume, deren immer-grüne Blätter normalerweise an jungen und alten Zweigen unterschiedlich sind. Im Mittelmeer-raum werden sie als Nutzholz und als Schutz- und Zierbäume häufig angepflanzt. Der Blau-gummibaum (7) kann eine Höhe von 40-60 m erreichen. Wo seine graublaue Rinde (2) sich ab-schält, verblaßt der erst orangerosa Untergrund zu einem graubraunen Ton. Junge Triebe (3) tra-gen ungestielte, blaugraue Blätter, an älteren Trieben (6) sitzen sichelförmige, grüne, bis zu 30 cm lange Blätter. Die meist einzeln erscheinen-den, scheibenförmigen Blüten (5) sind mit ei-nem Ring von Staubgefäßen umgeben. Die Früchte (1, 4) werden etwa 3 cm groß.

Der **Gunns Eukalyptus** *E. gunnii* gehört zu den widerstandsfähigsten Arten und wird in England und Frankreich häufig angepflanzt. Seine blau-en, ungestielten Jugendblätter sind rundlich und werden später größer, schmaler und zugespitzt (8). Er blüht im Juli. Trotz seiner Zähigkeit über-steht er keinen strengen Frost.

Es gibt in Europa noch etwa ein Dutzend andere *Eukalyptus*-Arten, doch die wenigsten sind win-terhart.

2

3

4

5

6

7

8

KORNELKIRSCHE, GELBER HARTRIEGEL   *Cornus mas*

Die Kornelkirsche wächst entweder als kleiner, 8-10 m hoher Baum mit glatter Rinde (2) oder als ausladender, stark verzweigter Strauch (5). Bereits zwischen Februar und März erscheinen an den nackten, graugrünen Zweigen (1) die auffälligen, dichten Dolden mit den hellgelben Blüten (3) mit je vier winzigen, 2-3 mm großen Blütenblättern. Die Dolden sind von vier Hochblättern umgeben, die aber bald abfallen. Die oval zugespitzten Blätter (4) mit den ausgeprägten Blattadern stehen sich in Paaren an den Zweigen gegenüber. Ihren Namen verdankt diese Pflanze den hellroten, länglich-ovalen Früchten (6), die 12-15 cm lang werden. Die Kornelkirsche ist in Süd- und Mitteleuropa, vor allem in Hecken und Gebüschen, weit verbreitet. Sie bevorzugt kalkreichen Boden und wird häufig angepflanzt.

1

2

Blütendetails

3

4

5

6

RHODODENDRON
Rhododendron ponticum

Dieser breit ausladende Strauch oder kleine Baum (4) bildet häufig – besonders in Eichen- oder Birkenwäldern mit sandigem oder trockenem, torfigem Boden – eine fast vollständige Strauchschicht. Er stammt eigentlich aus Südosteuropa, Portugal und dem südlichen Spanien, aber da er sehr viel angepflanzt wurde und sich rasch vermehrt, ist er heute weitläufig heimisch. Seine großen Knospen sind mit Schuppen besetzt, und die dunkelgrünen, ledrigen Blätter (2), die an der Unterseite heller sind, werden bis zu 25 cm lang. Im Juni erscheinen an den Zweigspitzen, umgeben von einem Blätterkranz, die glockenförmigen Blüten. Ihr Durchmesser beträgt 6 cm, sie haben 10 Staubgefäße und sind auffallend rosapurpurrot. Die Samen sitzen in schmucklosen Kapseln. Unter (1) ist die Rinde abgebildet.

Der **Gelbe Rhododendron** *R. luteum* ist eine kleinere, laubwerfende Pflanze, deren gelbe Blüten (5) mit jeweils fünf Staubgefäßen zwischen April und Mai an den kahlen Zweigen erscheinen. In seiner Heimat, dem südöstlichen und mittleren Europa, ist er nur selten zu finden. Er wird häufig in Gärten gezogen und ist gelegentlich heimisch. Es werden außerdem noch viele andere *Rhododendron*-Arten angepflanzt, die aber alle nicht heimisch sind.

1

ERDBEERBAUM   *Arbutus unedo*

Wild wachsende Erdbeerbäume sind normalerweise breit ausladende Sträucher von 2-3 m Höhe, während kultivierte Pflanzen 10-12 m (4) hoch werden. Wo sich die dunkelbraune Rinde (1) in Streifen abschält, enthüllt sie einen frischen, rotbraunen Untergrund. Die schmalen, unbehaarten, glänzend dunkelgrünen Blätter (3) werden bis zu 10 cm lang, 2-3mal so lang wie breit. Gemeinsam mit den erst nach einem Jahr ausgereiften Früchten erscheinen ab Ende September hängende, rotgestielte Rispen mit je 15-20 cremefarbenen, krugförmigen Blüten (2). Von den hellorangefarbenen, mit kleinen Warzen besetzten Fruchtkugeln (5) befinden sich selten mehr als sechs an den Rispen. Ihrer sehr entfernten Ähnlichkeit mit Erdbeeren verdankt der Baum seinen Namen, obwohl die echte Erdbeere zur Familie der Rosen gehört, der Erdbeerbaum dagegen zu den Heidekrautgewächsen. Der Erdbeerbaum ist im Mittelmeerraum in trockenen, felsigen Buschwäldern heimisch sowie entlang der Atlantikküste bis nach Südirland in Eichenwäldern und auf felsigen Inseln.

1

2
3
4
5

GEMEINE ESCHE   *Fraxinus excelsior*

1

Die 20-25 m große, gelegentlich auch 40 m hohe Esche mit ihrer unregelmäßigen Krone (**8**) ist der einzige einheimische Baum aus der Familie der Ölbaumgewächse. Anfangs ist der häufig lange, gerade Stamm mit glatter, grauer Rinde bedeckt, die aber bei älteren Bäumen (**2**) rissig wird und Furchen bekommt. Im Winter tragen die grau schimmernden Zweige (**5**) auffällig große, schwarze Knospen (**4**). Die gefiederten Blätter (**7**) setzen sich aus 3-7 Paar Fiederblättchen zusammen, die je bis zu 10 cm lang sind. Die Esche treibt als einer der letzten einheimischen Bäume ihr Laub aus, das fällt, ohne sich verfärbt zu haben. Ihre Blüten (**6**) können, wie auch einzelne Bäume, männlich, weiblich oder zwitterig sein. Sie erscheinen im April, vor den Blättern, und die männlichen Blüten sind dunkelpurpurrot. Im Oktober segeln die Früchte (**1**) mit ihren langen, schmalen, braunen Flügeln zu Boden. Die Esche ist in Europa ein weitverbreiteter und wichtiger Wald- und Parkbaum.

Bei der **Mannaesche** *F. ornus* handelt es sich um einen kleineren Baum mit glatter Rinde (**3**), graubraunen Knospen, kleineren Blättern (**9**) und auffälligen, weißen Blüten (**10**). Sie stammt aus dem Mittelmeerraum und wird häufig angepflanzt.

2

3

4

5

6

7

8

9

10

ÖLBAUM *Olea europaea*

Olivenhaine sind der Inbegriff mediterraner Land-
schaften, ihr Anblick wurde oft von Malern auf der
Leinwand festgehalten. Der Ölbaum stammt tat-
sächlich aus dem Mittelmeergebiet; kultivierte Arten tragen größere Früchte und größere, schmale,
graue Blätter (2). Wildwachsende Bäume sind an
den dornigen Zweigen und den kleineren, runderen Blättern zu erkennen. Der Ölbaum wird bis zu
15 m hoch und hat einen massiven, knorrigen, oft-
mals verdrehten Stamm und eine graue, gefurchte
Rinde (1). An kurzen, achselständigen Rispen (3)
erscheinen winzige Blüten mit je vier weißlichen
Blütenblättern. Sie reifen zu den bekannten, erst
grünen (4), später schwarzen (5) Früchten heran,
aus denen Olivenöl gewonnen wird. Wildwachsende Pflanzen stehen an trockenen, felsigen Or-
ten, und Haine mit kultivierten Ölbäumen findet
man im gesamten Mittelmeerraum.

1

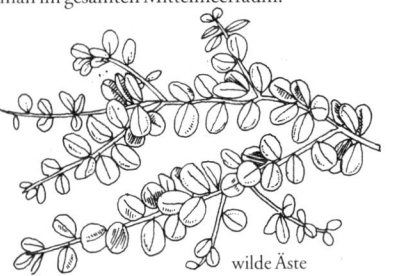

wilde Äste

PAULOWNIE *Paulownia tomentosa*

Bei der Paulownie handelt es sich um einen mittelgroßen, 10-15 m hohen Baum (4) mit offener Krone und glatter, grauer Rinde. Die herzförmigen, 30-35 cm großen Blätter (2, stark verkleinert, und 3) mit ihrer langen, sich verjüngenden Spitze sind auf beiden Seiten flaumig behaart. Durch diese mattgrünen und schlaff herabhängenden Blätter, die teilweise noch größer und gelappt sein können, wirkt der ganze Baum etwas ›erschöpft‹. Im Juni, noch vor den Blättern, erscheinen in langen, unregelmäßigen Trauben die großen (5 cm) blauvioletten Blüten (1): tiefe Kronröhren, die in fünf ausgebreiteten Lappen enden. Die länglichen, blaßgrünen Früchte (5) sind klebrig und mit einem kleinen Schnabel versehen. Wenn sie braun werden, brechen sie auf und geben geflügelte Samen frei. Dieser aus China stammende Baum ist in Süd- und Mitteleuropa weit verbreitet.

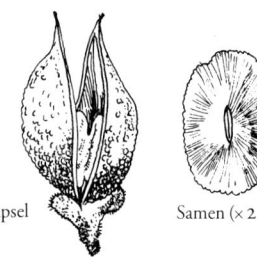

Samenkapsel   Samen (× 2 $\frac{1}{2}$)

GEWÖHNLICHER TROMPETENBAUM *Catalpa bignonioides*

Dieser frostempfindliche Baum wurde aus dem Süden der Vereinigten Staaten bei uns eingeführt und erinnert an eine grünere Paulownie (s. S. 226). Erst gegen Ende Juni steht er im Laub, und wenn seine weißen Blüten erscheinen, sieht er aus wie ein kleiner Kastanienbaum (6). Er hat eine gefurchte, schuppige Rinde (2), dicke Zweige mit hervorstehenden Blattnarben (1) und Blätter (4) mit runder oder herzförmiger Basis. In der Form gleichen seine Blüten (5) und Blütentrauben denen der Paulownie, sind aber weiß und erscheinen im Juli. Die ungewöhnlichen Samenhülsen (3), die bis zu 40 cm lang werden und noch während des Winters von den Zweigen hängen, sind wohl das wichtigste Bestimmungsmerkmal dieses Baumes. Der Trompetenbaum ist in Südeuropa weit verbreitet und gelegentlich heimisch.

1

2

Samen

3

4

5

6

SCHWARZER HOLUNDER
Sambucus nigra

Dieser Strauch oder kleine Baum (7), der nur in seltenen Fällen eine Höhe von 10 m erreicht, ist auf feuchten, nährstoffreichen Böden außerordentlich schnellwüchsig. Während die braune Rinde (3) ausgereifter Bäume tiefe Furchen aufweist, zeigt die glatte Rinde junger Zweige deutliche Poren (Lentizellen) (1). Das weiche Holz der Zweige bricht leicht und enthält weiches Mark (2). Die gefiederten Blätter (6) setzen sich aus 2-3 Paar Fiederblättchen zusammen, die sowohl abgerundet als auch schmal zugespitzt, als auch tief gezähnt sein können. Im Juni erscheint in flachen, aufrechten, 10-20 cm breiten Rispen (4) eine verschwenderische Fülle von winzigen, 5 mm breiten, stark duftenden Blüten. Ab Ende August sind die bekannten, eßbaren Holunderbeeren (5) reif. Unter ihrem Gewicht hängen die rotstieligen Rispen schwer herab. Der Schwarze Holunder ist mit Ausnahme des hohen Nordens in ganz Europa weit verbreitet.

Der **Traubenholunder** *S. racemosa* hat rundere Blütenköpfe sowie rote Beeren (8) und wächst in Mitteleuropa und Skandinavien.

1

2

3

4

5

6

7

8

ECHTE DATTELPALME *Phoenix dactylifera*

Palmen gehören zur Familie der Einkeimblättri-
gen (wie z.B. Gräser, Seggen und Lilien) und haben keine hölzernen, sondern faserige Stämme,
die bis zu 20 m über dem Boden ein Büschel aus
Blättern tragen (2). Überreste der alten Blattstiele
bilden auf dem Stamm (1) ein auffälliges Gitter-
muster, und die riesigen, mehrere Meter langen
Blätter bestehen aus vielen Paaren langer, schmaler, graugrüner Fiederblättchen. Die Blüten hängen in mächtigen Büscheln (3) von den Spitzen
des Stammes. An europäischen Palmen sieht man
höchstens unreife, grüne Früchte (4), da die Dat-
teln (5) zum Reifen das heiße Wüstenklima be-
nötigen. Trotzdem werden Dattelpalmen im
Mittelmeerraum als Zierbäume angepflanzt.
Die **Kanarische Dattelpalme** *P. canariensis* ist ein
kleinerer Baum (6) mit einem dicken, bis zu 10
m hohen Stamm, hellgrünen Blättern und trok-
kenen Früchten. Er stammt ursprünglich von
den Kanarischen Inseln und wird im gesamten
Mittelmeerraum angepflanzt.

1

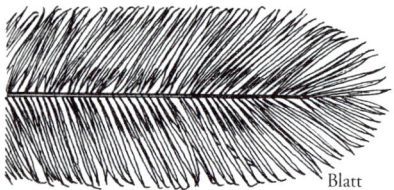

Blatt

2

3

4

5

6

Verzeichnis der deutschen Namen

235

Verzeichnis der wissenschaftlichen Namen